Stefanie Pölzl-Huemer

Das einfachste Zuckerfrei-Buch aller Zeiten

Kochen und backen ohne künstliche Süßstoffe und Zuckerersatzprodukte

TRIAS

Pölzl-Huemer

Das einfachste Zuckerfrei-Buch aller Zeiten

Stefanie Pölzl-Huemer widmet sich seit 2019 begeistert der zuckerfreien Ernährung, seitdem sie am eigenen Leib erfahren hat, wie wohltuend und gesund diese Form des Kochens und Backens ist. Die gelernte Food-Fotografin bloggt erfolgreich unter www.einfach-zuckerfrei.com und unter dem gleichen Namen bei Instagram. Dort bietet sie Rezepte und zuckerfreie Online-Kochkurse an. Sie lebt mit Baby und Partner im Salzkammergut in Oberösterreich.

» Das Cover-Rezept »Mango-Mousse« finden Sie auf Seite 60.

« Himbeer-Eiskonfekt mit Schokoguss (Seite 74)

SOOOOOO....
EINFACH!
SAHNE

Willkommen in meiner zuckerfreien Küche!

Zucker ist für viele von uns heutzutage kaum mehr aus unserem Leben wegzudenken. Er versteckt sich überall, egal ob wir Süßigkeiten, Kuchen, Müsli oder Brot essen. Dabei war Zucker für unsere Eltern und Großeltern in deren Kindheit noch bei weitem nicht so selbstverständlich wie es das heute für uns ist. Unser Zuckerkonsum ist in den letzten Jahrzehnten enorm gestiegen und verantwortlich für viele Krankheiten.

Als ich begann, mich zuckerfrei zu ernähren, fing für mich regelrecht ein neues Leben an. Plötzlich verschwanden Symptome, die mir zuvor gar nicht so bewusst waren und die ich nicht mit dem Konsum von Zucker in Verbindung gebracht hatte. Zudem nahm ich einige Kilo ab, was nicht unbedingt sonderlich überrascht. Und seit ich die zuckerfreie Ernährung beibehalte, fällt es mir viel leichter, mein Gewicht zu halten. Mit der Ernährungsumstellung veränderte sich aber noch mehr: Plötzlich hatte ich viel mehr Energie und mein alltägliches Mittagstief blieb aus. Zudem verschwanden meine ständigen Heißhungerattacken und ich aß viel weniger, ich hatte schlichtweg weniger Hunger. Auch Symptome wie ständiges Völlegefühl, ein aufgeblähter Bauch, Bauchschmerzen und Kopfschmerzen waren von nun an Geschichte. Meine Haut wurde reiner und meine Pollenallergie viel weniger intensiv.

In diesem Buch möchte ich dir zeigen, wie einfach ein Leben ohne raffinierten Zucker sein kann, wie einfach du auf gesündere Alternativen zurückgreifen kannst und wie gut zuckerfreie Rezepte gelingen können. Angefangen beim Frühstück bis hin zu warmen Hauptmahlzeiten findest du viele leckere Gerichte – alle ganz ohne Zucker.

Ich lade dich ein, deine Geschmacksknospen wieder an »weniger süß« zu gewöhnen und mithilfe der Rezepte den Zucker nach und nach immer mehr aus deiner Ernährung zu streichen. Du wirst sehen, wie leicht ein Verzicht oder zumindest das Einsparen von Zucker ist.

Ich wünsche dir viel Spaß beim Nachkochen und Nachbacken!
Deine Stefanie

Warum zuckerfrei uns so guttut

Zucker ist ein immer größer werdendes Problem in unserer Gesellschaft. Mittlerweile hat einer von elf Erwachsenen Diabetes.

Dabei warnt die WHO, die Weltgesundheitsorganisation, schon lange vor den Folgen eines zu hohen Zuckerkonsums und rät daher, von den täglichen Kalorien höchstens 10 %, idealerweise aber nur 5 % in Form von Zucker zu sich zu nehmen. Hier spricht man nicht von einem Idealwert, sondern von einem Grenzwert. Diese Menge sollte also nicht überschritten werden. Genau das geschieht aber bereits mit einem einzigen 250-ml-Softdrink. Der enthält so viel Zucker, dass die 5 %, ja sogar die 10 % direkt überschritten sind. Wer also täglich ein Glas süße Limonade trinkt, überschreitet die Zuckergrenze jeden Tag, auch ohne den Gang an die Süßigkeitenschublade.

Bei Kindern wird empfohlen, dass sie bis zum zweiten Lebensjahr gar keinen Zucker zu sich nehmen und danach maximal 12,5 Gramm pro Tag. Eine Menge, die die meisten von uns bei weitem überschreiten, denn im Durchschnitt isst jede Person in Deutschland ca. 34–45 Kilogramm Zucker im Jahr, das sind 95–125 Gramm pro Tag!

Braucht mein Körper Zucker?

Die kurze und knappe Antwort lautet: Nein. Zucker, genauer gesagt raffinierter Zucker, ist kein Grundnahrungsmittel und wird von unserem Körper nicht benötigt. Zucker, vor allem in so großen Mengen, isst die Menschheit erst seit relativ kurzer Zeit, doch die gesundheitlichen Folgen sind alarmierend.

Immer wieder liest man, dass Zucker lebensnotwendig sei – das ist auch richtig. Gemeint ist dabei allerdings Glukose, die unser Körper selbst im Zuge der Verdauung zum Beispiel aus Brot, Kartoffeln oder Getreide herstellen kann. Nicht gemeint ist Haushaltszucker, der sich mittlerweile in fast allen Fertigprodukten, Süßigkeiten, Kuchen und vielem mehr versteckt. Die Sorge, den Körper beim Verzicht auf raffinierten Zucker nicht ausreichend mit Glukose versorgen zu können, ist daher unbegründet. Wer sich gesund und ausgewogen ernährt, enthält auf natürlichem Wege ausreichend Glukose, ohne dabei auf raffinierten Zucker zurückgreifen zu müssen.

Was spricht für eine zuckerfreie Ernährung?

Wir alle wissen, dass zu viel Zucker dick macht. Doch welche Krankheiten und gesundheitlichen Auswirkungen Zucker tatsächlich hat, ist den wenigsten bekannt. Zu viel Zucker kann in unserem Körper großen Schaden anrichten und somit für vielerlei Krankheiten verantwortlich sein. Mit einer zuckerfreien Ernährung können wir daher vielen Krankheiten vorbeugen.

Diabetes, genau genommen Diabetes Typ 2, wird durch eine falsche Ernährung und den dadurch ständig erhöhten Blutzuckerspiegel begünstigt. Die gute Nachricht ist jedoch, dass die Krankheit gerade am Anfang noch relativ gut behandelt werden kann. Hier hilft eine Ernährung mit weniger Kohlenhydraten, weniger Zucker und mehr Bewegung.

Karies: Jeder von uns hat den Satz »Zucker ist schlecht für deine Zähne« schon mal gehört. Jedes Kind kriegt diesen Satz zu hören und Eltern oder Zahnarzt haben damit auch recht. Die Bakterien auf unseren Zähnen wandeln den Zucker aus unserem Essen in Säure um. Diese macht deinen Zahnschmelz porös und somit den Weg für kleine Mikroorganismen frei, die deine Zähne beschädigen.

Krebs: Was übertrieben klingen mag, haben Wissenschaftler schon vor einiger Zeit herausgefunden: Zucker begünstigt Krebs. Denn Krebszellen benötigen Zucker, um zu überleben. Zucker hat darum einen großen Einfluss auf die Entstehung und auch das Wachstum der Krebszellen. Auch bei der Bildung von Metastasen ist Zucker ein idealer Treibstoff.

Zuckersucht: Zucker kann tatsächlich abhängig machen. Dies konnte mittlerweile mithilfe von Hirnforschung herausgefunden werden. Essen wir Zucker, werden die Hormone Dopamin und Opioide ausgeschüttet. Diese machen glücklich und können sogar schmerzstillend wirken. Daher verlangt unser Körper nach immer mehr Zucker, um immer wieder diese Glücksgefühle zu erleben. Wichtig zu wissen: Dopamin regt sogar ähnliche Belohnungsmechanismen an wie Kokain. Eine Tatsache, die ich persönlich gerade auch in Bezug auf Kinder besonders erschreckend finde.

Darmerkrankungen: Aber auch unser Darm bleibt vom Zucker nicht verschont. In Studien fand man heraus, dass Mäuse, die nur zwei Tage lang Zucker aßen, viel anfälliger für einen entzündeten Darm waren. Es reicht tatsächlich aus, lediglich über einen kurzen Zeitraum (zum Beispiel in der Vorweihnachtszeit) mehr Zucker zu essen, um Auswirkungen auf unseren Darm hervorzurufen. Und kurzfristige Beschwerden sind bei weitem nicht alles. Ein beschädigter Darm bringt weitere Folgekrankheiten mit sich. Mittlerweile wird aufgrund verschiedener Studien sogar ein Zusammenhang zwischen unserer Darmflora und Parkinson und Alzheimer vermutet. Aber auch unser Immunsystem wird durch eine schlechte Darmflora geschwächt.

Ich bin hier wie immer der Meinung, Vorsicht ist besser als Nachsicht. Viele beginnen mit einer gesunden Ernährung erst dann, wenn ihr Körper erkrankt. Aber das ist eigentlich schon viel zu spät. Damit es erst gar nicht so weit kommt, ist es besser, sofort etwas an unserer Ernährung zu ändern. Damit eine Ernährungsumstellung auch tatsächlich funktionieren kann, muss sie in unserem Alltag leicht umsetzbar sein, und genau dafür bekommst du in diesem Buch viele ganz schnelle und einfache Rezepte an die Hand!

Warum macht Zucker dick?

Während es früher noch Fett war, ist es nun der Zucker, der dick macht. Zucker hat den Ruf als der »Dickmacher« schlechthin. Dabei hat Zucker tatsächlich weniger Kalorien als Fett. Dass Zucker als Dickmacher gilt, hängt unter anderem mit unserem Blutzuckerspiegel zusammen. Denn sobald du Zucker isst, steigt dein Blutzuckerspiegel an, es wird Insulin ausgeschüttet und dein Körper versucht, den Zucker aus deinem Blutkreislauf zu befördern. Je nachdem, wie viel Zucker du aber zu dir genommen hast, kann der Körper diesen nicht vollständig aus dem Blutkreislauf befördern, und speichert ihn deswegen als Körperfett.

Ein weiterer Grund, warum Zucker dick macht, sind die bekannten Heißhungerattacken. Auch hier ist unser Blutzuckerspiegel (Seite 11) verantwortlich. Dank der Heißhungerattacken nehmen wir mehr Kalorien zu uns als notwendig. Dies führt ebenfalls zur Gewichtszunahme.

Blutzuckerkurve

Und es gibt noch einen weiteren Grund, weshalb Zucker dich davon abhält, dein Wunschgewicht zu erreichen. In Studien wurde herausgefunden, dass Probanden, die nach wie vor dieselbe Menge an Kalorien zu sich nahmen, im Gegensatz zu anderen Probanden aber auf Zucker verzichteten, Gewicht abnahmen. Das liegt an unserem Insulinspiegel. Beim Konsum von Zucker wird weitaus mehr Insulin ausgeschüttet und dieses stoppt unsere Fettverbrennung.

Dein Blutzuckerspiegel
Der Blutzuckerspiegel ist nichts anderes als die Menge des Zuckers in unserem Blut. Diese Menge schwankt jedoch, je nachdem, ob wir gerade Sport machen und was wir essen. Damit unser Blutzuckerspiegel immer im idealen Bereich bleibt, schüttet unsere Bauchspeicheldrüse bestimmte Hormone aus. Bei zu hohem Blutzucker Insulin, bei zu wenig Zucker im Blut Glukagon.

Isst du etwas sehr Zuckerhaltiges, steigt dein Blutzuckerspiegel an. Beim Verzehr von Zucker steigt unser Blutzuckerspiegel sehr schnell sehr hoch. Unsere Bauchspeicheldrüse versucht, diesem Zuviel an Zucker mit Insulin entgegenzuwirken, wodurch unser Blutzuckerspiegel sehr rasch tief nach unten sinkt. Das Ergebnis? Unser Körper verlangt nach noch mehr Zucker, um aus diesem Tief zu kommen, und der Kreislauf beginnt von vorne, eine Endlosschleife. So verlangt unser Körper nach immer mehr zu essen (mehr Zucker), auch wenn wir schon längst satt sind.

Um den Blutzuckerspiegel konstant zu halten, ist es wichtig, in regelmäßigen Abständen Nahrung zu sich zu nehmen und darauf zu achten, weniger/keinen Zucker, viele Ballaststoffe und gesunde Fette zu essen. Greife wenn möglich zu Vollkornprodukten.

Deine Zuckerfrei-Challenge

So gelingt die Umstellung in dein neues zuckerfreies Leben.

Was passiert beim Verzicht auf Zucker?

Die ersten Tage ohne Zucker sind meist am schwierigsten, weswegen die meisten leider direkt wieder mit ihrer Zuckerfrei-Challenge aufhören. Unser Körper ist den Zuckerentzug nicht gewöhnt, und oft geht der Verzicht mit Symptomen wie Kopfschmerzen, Kreislaufproblemen, Unwohlsein, Müdigkeit und Abgeschlagenheit einher.

Nach ein paar Tagen ändert sich aber unsere Geschmackswahrnehmung, sodass wir Zucker gegenüber wieder sensibler werden und bereits kleinere Mengen Zucker wahrnehmen können. Das ist besonders wichtig. Unser Körper lernt, sich wieder an weniger Süße zu gewöhnen und oftmals schmecken sehr süße Lebensmittel, die man zuvor gerne gegessen hat, nicht mehr. Je länger der Verzicht auf Zucker anhält, desto intensiver wird die Süße empfunden. Wenn du aktuell bei süßen Gelüsten zur Tafel Schokolade greifst, kann nach ein paar zuckerfreien Tagen ein kleiner Biss in eine fruchtige Dattel schon deinen Süßhunger stillen.

Nach einiger Zeit macht sich bei vielen der Verzicht auf Zucker dann auch auf der Waage bemerkbar. Nach zwei Wochen sinkt unser Blutdruck, der Verzicht auf Zucker fällt nun schon viel leichter und es machen sich viele positive Veränderungen bemerkbar. Du hast wieder mehr Energie, schläfst besser, dein Hautbild verbessert sich, du bist weniger müde, weniger oft krank und du kannst dich wieder besser konzentrieren.

Auch in deinem Blut ist eine Veränderung zu bemerken. Zucker sorgt für erhöhte Entzündungswerte bei den Leukozyten, die Bakterien und Viren abwehren, oder beim CRP, das bei akuten Entzündungen ins Blut abgegeben wird und das wir auch im Zusammenhang mit Autoimmunkrankheiten und Gewebeschäden kennen. Durch den Verzicht auf Zucker sinken diese Werte, wodurch die Entzündungen zurückgehen und sogar ganz verschwinden.

Bereits nach zwei Wochen beginnt unser Körper damit, die Folgen des Zuckerkonsums (wie Fettleber und Insulinresistenz – die Vorstufe von Diabetes; bei einer Insulinresistenz benötigt der Körper immer mehr Insulin, um die gleiche Menge Zucker verarbeiten zu können) der letzten Jahre zu beheben.

Je länger wir auf Zucker verzichten, desto leichter fällt uns der Verzicht auf Zucker, nach etwa zwei Monaten hat sich unser Körper bereits an einen ganz neuen Zuckerkonsum gewöhnt und verlangt auch gar nicht mehr so oft und intensiv nach Süßem.

Weshalb es uns so schwerfällt, von Zucker loszukommen

Zucker stimuliert unser Belohnungszentrum im Gehirn, wodurch Gute-Laune-Botenstoffe ausgeschüttet werden. Diese sind jedoch nach kurzer Zeit aufgebraucht, unser Körper verlangt nach mehr, weswegen wir immer und immer wieder zu Zucker greifen. Schließlich will man das Hochgefühl erneut spüren. Damit hat Zucker ein sehr großes Suchtpotenzial und sollte wie eine Droge gesehen werden.

Wir alle lieben Süßes. Das liegt daran, dass es in der Natur nichts gibt, das süß schmeckt und gleichzeitig giftig ist. Ist etwas süß, kann man es bedenkenlos essen. Dieses Wissen wurde seit der Steinzeit von unseren Vorfahren über Generationen hinweg weitergegeben und beeinflusst uns bis heute. Das Problem dabei ist, dass wir nun nicht mehr nur die natürliche Süße aus Obst zur Verfügung haben, sondern ganze Regale mit hochverarbeiteten Lebensmitteln, in denen jede Menge industrieller Zucker steckt.

Da Zucker uns kurzfristig mit viel Energie versorgt und sogar schmerzlindernd wirkt (wurde auch in Experimenten nachgewiesen), passiert es gar nicht mal so selten, dass ein Kind bei einer Verletzung mit einer kleinen Süßigkeit getröstet wird. Und zack, gewöhnt es sich an den Zucker, verlangt ihn immer wieder und braucht immer mehr, um die Wirkung des Zuckers zu merken.

Wie schaffe ich es, von Zucker loszukommen?

Um auf Zucker zu verzichten, gibt es zwei Varianten. Entweder radikal, von heute auf morgen keinen Zucker mehr. Oder die langsame Entwöhnung. Beide Varianten sind absolut in Ordnung und hier gibt es nicht die eine Lösung. Mir persönlich hat es aber geholfen, den radikalen Weg zu gehen – ganz oder gar nicht!

Ein Grund, weshalb ich grundsätzlich eher die radikale Form des Zuckerverzichts empfehle, ist folgender: Unsere Geschmacksknospen müssen sich an das »weniger süß« gewöhnen. Das ist schwierig, wenn immer wieder normal gesüßte Lebensmittel gegessen werden. Zudem bringen wir unseren Blutzuckerspiegel jedes Mal wieder ins Schwanken, wenn wir Zucker essen und geraten somit schneller wieder in Versuchung, wieder mehr Zucker zu essen.

Motivationstipps

Kaum zu glauben, aber bevor ich mich vor über vier Jahren für eine zuckerfreie Ernährung entschieden habe, war ich ein absoluter Zuckerjunkie. Ich hatte schon so oft versucht, weniger Zucker zu essen und war jedes Mal gescheitert. Ein Tag ohne Zucker war die Hölle, wie sollte ich das nur über einen größeren Zeitraum schaffen?

Also machte ich mich auf den Weg in den Buchladen und las mich in sämtliche Bücher rund um das Thema Zucker ein. Ich wollte wissen, warum ich es einfach nicht schaffte, auf Zucker zu verzichten und warum genau Zucker eigentlich so ungesund ist.

Die Gründe, die ich fand, hast du bereits gelesen und sie haben mich sehr schockiert und zum Nachdenken gebracht. Mir war sofort klar, dass ich das meinem Körper nicht länger antun wollte. Aber wie schafft man es, bei der Ernährungsumstellung dranzubleiben? Wie bleibt man motiviert und verfällt nicht doch wieder der leckeren Torte von Oma Frieda? Ich gebe dir ein paar Tipps, die mir persönlich sehr geholfen haben!

Zucker aus den eigenen vier Wänden verbannen

Wenn wir ständig von Lebensmitteln mit Zucker umgeben sind, fällt uns der Verzicht darauf besonders schwer. Denn was wir nicht zur Verfügung haben, können wir auch nicht essen. Somit ist es zu empfehlen, all deine Lebensmittel zu kontrollieren und jene mit Zucker aus deinem Haushalt zu entfernen und selbstverständlich auch keine neuen Lebensmittel mit Zucker zu kaufen.

Sollten Familienmitglieder mit dir in einem Haushalt wohnen, die bei deiner Ernährungsumstellung nicht mitmachen möchten, dann sucht

ZUCKERFREI-
Challenge
1.
Zucker aus den eigenen vier Wänden verbannen …
… oder wegräumen
2.
Alternativen suchen
ZUCKERFREI
3.
Freunde oder Familie zum Mitmachen animieren
4.
Alternativen to-go
5.
Süßigkeiten-abteilung im Geschäft meiden
Süßigkeiten
6.
Gewohnheiten ändern

am besten eine kleine Schublade oder ein Regalfach aus, in der deren Süßigkeiten vorhanden sind. Wähle dafür am besten ein Fach, das du selbst nicht ständig öffnen musst oder vor Augen hast.

Alternativen suchen
Mittlerweile wird es immer einfacher, gewohnte Produkte, die normalerweise Zucker enthalten, auch ohne Zucker im Supermarkt zu finden. Angefangen von Chips bis hin zu Essiggurken, Senf, Eis und vielen weiteren Lebensmitteln gibt es nun tolle Alternativen ohne Zucker. Finde beim Einkaufen heraus, welche Produkte keinen Zucker enthalten und welche Alternativen du kaufen kannst.

Freunde oder Familie zum Mitmachen animieren
Nichts ist so hilfreich wie die gegenseitige Motivation und Unterstützung von Familie und Freunden. Gemeinsam an einem Strang ziehen, sich austauschen zu können und gegenseitig zu ermuntern, wenn man sich mal schwertut. All das kann helfen, um motiviert zu bleiben.

Aber auch wenn du das zuckerfreie Vorhaben ganz allein durchziehst – so wie ich es damals auch gemacht habe – ist die Ernährungsumstellung zu bewältigen. Vielleicht hat deine Umstellung sogar einen mitreißenden Effekt und die Leute in deinem Umfeld hinterfragen ihre eigenen Ernährungsweisen und steigen spontan bei deiner Challenge ein.

Alternativen to go
Nichts ist schlimmer, als wenn man unterwegs ist und plötzlich Heißhunger bekommt. So ein Stück Schokolade, ein Stück Kuchen oder ein paar Fruchtgummis, das wäre doch was. Vor allem, wenn die Personen um einen herum all diese Sachen essen. Achte daher vor allem in der Anfangszeit immer darauf, eine gesündere Alternative dabeizuhaben.

Sonntags ist bei euch in der Familie immer Kaffeeklatsch? Dann nimm dir doch ein Stück selbstgebackenen, zuckerfreien Kuchen mit. Du bekommst bei der Arbeit plötzlich Lust auf Schokolade? Dann greife zu selbstgemachten Energyballs, die du dir von zu Hause mitgebracht hast.

Süßigkeitenabteilung im Geschäft meiden
Gerade anfangs ist es besonders schwierig, im Supermarkt durch den Gang mit all den Süßigkeiten zu schlendern. Versuche, diesen also vor allem in der Anfangszeit am besten komplett zu meiden und biege vorher in Richtung Kasse ab.

Gewohnheiten ändern
In jeder Familie gibt es Gewohnheiten und Rituale, manche davon sollten überdacht werden, vor allem dann, wenn sie der Gesundheit schaden. So gibt es bei vielen zu jedem Kaffee einen Keks, am Wochenende dürfen Kuchen und Torten nicht fehlen, morgens ein Brötchen mit süßem Aufstrich, nach dem Mittagessen muss eine Nachspeise folgen und abends wird vor dem Fernseher genascht. Na, fühlst du dich ertappt? Hier ist es wichtig, diese Gewohnheiten, so schön sie auch sind, zu verändern. Der Kaffee schmeckt auch ohne Keks, am Wochenende kann es gesunde Kuchenalternativen geben und statt Chips können gesunde Nüsse genascht werden. Am einfachsten gelingt die Umstellung natürlich, wenn alle aus der Familie mitmachen.

Dein »Warum?«

Um eine Ernährungsumstellung wirklich (langfristig) beibehalten zu können, benötigst du ein starkes Warum. Überlege dir deswegen gleich zu Beginn, warum du weniger oder keinen Zucker essen möchtest. Was ist dein Warum?

Wahrscheinlich ist es dir bereits bewusst, warum du deine Ernährung umstellen möchtest. Warum sonst solltest du dieses Buch in den Händen halten.

Dieses Warum kann bei jedem anders sein. Mein Warum war, dass ich die ständigen Heißhungerattacken, dieses Völlegefühl und das Nachmittagstief satt war. Aber auch all den Krankheiten, die durch Zucker ausgelöst oder begünstigt werden, wollte und möchte ich nach wie vor keine Chance geben, überhaupt erst zu entstehen. Unsere Gesundheit ist schließlich das Wichtigste, das wir haben, deswegen sollten wir sie unbedingt schützen.

Und ganz wichtig: Dein Warum sollte immer mit dir zu tun haben und nie vom Außen abhängig sein. Eine Ernährungsumstellung machst du immer für dich selbst und nicht, weil dir jemand dazu geraten hat. Siehst du die Notwendigkeit dazu nicht selbst, wird eine langfristige Ernährungsumstellung nicht klappen.

Mögliche Gründe für ein zuckerfreies Leben:

- Du hast ständiges Verlangen nach Süßem.
- Du fühlst dich oft antriebslos und völlig erschöpft.
- Du hast regelmäßig Heißhungerattacken.
- Nach dem ersten Bissen Schokolade oder dem ersten Griff in die Chipstüte, kannst du nicht mehr aufhören.
- Dich stört deine unreine Haut.
- Du fühlst dich oft müde und kannst dich nur schwer zu etwas motivieren.
- Du hast das Gefühl, dass du zuckersüchtig bist.
- Du ärgerst dich jeden Tag aufs Neue, wenn du in den Spiegel blickst und siehst, dass du ein paar Kilos zu viel hast.
- Du hast das Gefühl, dass du einiges an Zucker weglassen könntest und weißt nicht, wie du das angehen sollst.
- Du hast ein ständiges Völlegefühl und weißt nicht, wie du es loswerden kannst.

Augen auf – worin Zucker enthalten ist

Was es wirklich schwierig macht, auf Zucker zu verzichten, ist, dass Zucker mittlerweile in fast jedem (verarbeiteten) Lebensmittel enthalten ist.

Dabei rede ich nicht nur von offensichtlichen Lebensmitteln wie Schokolade, Eis und Cornflakes, sondern auch von Lebensmitteln, in denen wir Zucker niemals vermuten würden. Die Pizza aus der Tiefkühlabteilung, die Wurst von der Theke, das Brot vom Bäcker, die Lieblingspommes oder die Bohnen aus der Dose. All das sind Lebensmittel, die wir eigentlich mit gutem Gewissen kaufen, durch die wir aber unbewusst jede Menge Zucker zu uns nehmen. Tatsächlich essen die meisten von uns tagtäglich mehr Zucker unbewusst als sie es bewusst tun.

Die gute Nachricht ist, dass wir auf all diese Lebensmittel nicht komplett verzichten müssen, denn die meisten dieser Produkte gibt es mittlerweile auch ohne Zucker. Wenn du zudem frische und unverarbeitete Lebensmittel kaufst und mehr selbst und frisch kochst, kannst du eine große Menge Zucker einsparen. Auch dein Geldbeutel wird sich freuen, denn unverarbeitete Lebensmittel sind deutlich günstiger.

Versteckter Zucker

Um herauszufinden, welche Produkte Zucker enthalten, ist ein Blick auf die Zutatenliste notwendig. Hier wird die Hauptzutat, die am meisten enthalten ist, immer an erster Stelle genannt. Dann hört das einfache Erkennen aber auch schon auf, denn die Lebensmittelindustrie macht es einem oft nicht leicht, die weiteren Zutaten zu verstehen. Damit wir den Zucker nicht so leicht erkennen können, bekommt er vielerlei Decknamen, mittlerweile gibt es über 70 verschiedene! Zudem werden gleich mehrere Namen für Zucker in der Zutatenliste aufgeführt, dadurch stehen sie nicht mehr an erster Stelle der Zutatenliste, sondern rücken immer weiter nach hinten.

Es zahlt sich daher aus, sich einmal mit den Decknamen von Zucker zu beschäftigen, um beim nächsten Einkauf etwas schneller und einfacher den versteckten Zucker enttarnen zu können. In der untenstehenden Liste findest du viele Bezeichnungen, hinter denen sich eigentlich Zucker versteckt. Zusätzlich zu diesen möchte ich dir aber einen wichtigen Tipp an die Hand geben: Wenn dir eine Zutat so gar nichts sagt und du sie erst googeln musst, lass lieber die Finger von diesem Lebensmittel. Wenn du nicht auf den ersten Blick erkennen kannst, was drin ist, sind die Inhaltsstoffe meist welche, die du nicht wirklich zu dir nehmen willst.

Tipps für weniger Zucker im Alltag

Das gemeine am Zucker ist, dass er sich mittlerweile in nahezu jedem Lebensmittel versteckt. Außerdem hat die Lebensmittelindustrie bemerkt, dass immer mehr Menschen auf Zucker verzichten (möchten) und deswegen verwirrende Begriffe in Zutatenlisten eingeführt, die keiner versteht, hinter denen sich aber Zucker versteckt.

Zucker wird nicht nur für Süßigkeiten verwendet, sondern findet sich auch im Brotaufstrich, salzigen Knabbereien, Brot, Wurst, Fertigpizza und vielem mehr. Und genau dieser Zucker ist es auch, den wir als »versteckte Zucker« bezeichnen. Es gibt Unmengen an Lebensmitteln, in denen man niemals Zucker vermuten würde, vor allem nicht hinter seltsam klingenden Namen und doch sind genau hier erschreckend hohe Mengen enthalten.

Aus diesem Grund solltest du dir die Decknamen von Zucker ansehen, um ihn beim Einkaufen enttarnen zu können. In der Nährwerttabelle jedes Lebensmittels steht zudem, wie viel Zucker in dem Produkt insgesamt enthalten ist. Aber Achtung: Diese Angabe bezieht sich nicht nur auf den künstlich hinzugefügten Zucker, sondern auch auf den in den Lebensmitteln natürlich enthaltenen Zucker.

Tipps, um im Alltag weniger Zucker zu sich zu nehmen:

- Verzichte auf zuckerhaltige Getränke.
- Checke die Zutatenliste beim Einkaufen.
- Lasse den Zucker im Tee und Kaffee weg.
- Verzichte auf Fertigprodukte, greife stattdessen zu unverarbeiteten Lebensmitteln und versuche, frisch zu kochen.
- Probiere dich an zuckerfreien Rezepten und gesünderen Alternativen.

Zuckersüße Decknamen

Agavendicksaft, Ahornsirup, Apfelsüße, Dextrin, Dextrose, Dicksaft, Fruchtextrakt, Fruchtkonzentrat, Fruchtpüree, Fruchtsaftkonzentrat, Fruchtsüße, Fruchtzucker, Fruktose, Fruktose-Glukose-Sirup, Fruktosesirup, Gerstenmalz, Gerstenmalzextrakt, gezuckerte Kondensmilch, Glukose, Glukose-Fruktose-Sirup, Glukosesirup, Honig, Inulin, Invertzucker, Invertzuckercreme, Invertzuckersirup, Joghurtpulver, Karamellsirup, Karamellzuckersirup, Kokosblütenzucker, Kokosblütennektar, Kokosblütensirup, konzentrierte Fruchtsäfte, Laktose, Magermilchpulver, Maltodextrin, Maltose, Malzextrakt, Milchzucker, Molkenerzeugnis, Molkenpulver, Oligofruktose, Oligofruktosesirup, Polydextrose, Raffinadezucker, Raffinose, Rohrzucker, Saccharose, Stärkesirup, Süßmolkenpulver, Traubenfrucht, Traubensüße, Traubenzucker, Vollmilchpulver, Weizendextrin, Zuckerrübensirup, Erythrit (E 968), Isomalt (E 953), Maltit/Maltitsirup/Maltitol (E 965), Sorbit (E 420), Xylit (E 967), Acesulfam, Aspartamsalz (E 962), Acesulfam-K (E 950), Aspartam (E 951), Cyclamat (E 952), Saccharin (E 954), Steviolglycoside (E 960) (Stevia), Sucralose (E 955)

Welche Zuckeralternativen gibt es?

Mittlerweile gibt es viele Zuckeralternativen. Eine zuckerfreie Ernährung sieht auch nicht bei allen Menschen gleich aus. Während die einen auf Erythrit und ähnliche Zuckeralternativen schwören, verwenden andere nur Obst, um die Speisen zu süßen.

Viele dieser Zuckeralternativen sind alles andere als gesund, wirken sich ähnlich (schlecht) auf unseren Blutzuckerspiegel aus wie herkömmlicher Haushaltszucker oder sind reine Chemie. Als ich die letzten Zeilen an diesem Manuskript schrieb, machte die Nachricht die Runde, dass eine Studie der WHO, der Weltgesundheitsorganisation, Aspartam als »möglicherweise krebserregend« einstuft. Viele der Zuckeralternativen sind nicht gesund und auch noch nicht ausreichend erforscht. Dies ist mit ein Grund, weshalb ich nur Obst und Trockenobst zum Süßen verwende.

Womit in diesem Buch gesüßt wird

Ich habe mich einige Zeit mit verschiedenen Zuckeralternativen befasst und für mich beschlossen, mich so natürlich wie möglich ernähren zu wollen. Keine hoch verarbeiteten Produkte. Zudem war es mir wichtig, meine Geschmacksknospen wieder an ein natürliches Ausmaß an Süße zu gewöhnen. Aus diesem Grund habe ich mich für die natürliche Süße von Obst entschieden und auf diese Weise werden auch alle Rezepte in diesem Buch gesüßt. Du benötigst also keine teuren Zuckerersatzprodukte.

Alle Rezepte werden mit frischem Obst oder Trockenobst gesüßt. In manchen Rezepten verwende ich auch selbstgemachte Dattelpaste (Seite 98). Für die Herstellung benötigst du lediglich Datteln und Wasser.

Während raffinierter Zucker aus leeren Kalorien besteht, tun wir mit Obst unserem Körper etwas Gutes, denn es enthält nicht nur Fruchtzucker, sondern auch jede Menge lebenswichtige Vitamine, Mineralstoffe und Ballaststoffe. Ballaststoffe sorgen dafür, dass der Fruchtzucker langsam ins Blut aufgenommen wird, wodurch unser Blutzucker weniger hoch ansteigt.

Weshalb du mehr ballaststoffreiche Lebensmittel essen solltest

Lebensmittel, die viele Ballaststoffe enthalten, sind unter anderem Nüsse, Obst, Trockenobst, Gemüse, Vollkornprodukte und Hülsenfrüchte. Ballaststoffe sind in einer gesunden Ernährung unerlässlich, weshalb du versuchen solltest, diese Lebensmittel regelmäßig in deine Ernährung einzubauen. Sie sorgen unter anderem dafür, dass dein Blutzuckerspiegel weniger und langsamer ansteigt und absinkt. Dadurch muss dein Körper weniger Insulin ausschütten und hilft stattdessen dabei, deinen Blutzuckerspiegel konstant zu halten. Somit kannst du mit einer ballaststoffreichen Ernährung auch Heißhungerattacken ganz einfach entgegenwirken. Aber auch für unsere Verdauung und unseren Stoffwechsel sind Ballaststoffe essenziell und sorgen für ein langanhaltendes Sättigungsgefühl.

In Fertigprodukten, Fast Food, Softdrinks und Naschereien sind meist keine bis kaum Ballaststoffe zu finden. Sie machen also so gut wie gar nicht satt, vor allem nicht langanhaltend, und schaden dem Blutzuckerspiegel. Deswegen ist es wichtig und gesund, frisch zu kochen und mehr Vollkornprodukte in deine Ernährung einzubauen.

Deswegen enthalten die Rezepte in diesem Buch Vollkornprodukte, Nussmuse und viel Obst und Gemüse. Du findest auf den folgenden Seiten nicht nur zuckerfreie Naschereien, sondern Rezepte für den ganzen Tag, vom Frühstück bis zum Abendessen. Und alle Rezepte bestehen nur aus sechs Zutaten und sind super schnell gekocht. So musst du selbst an stressigen Tagen nicht immer zu Fertigprodukten greifen und kannst stattdessen in kurzer Zeit leckere Gerichte mit nur wenigen Zutaten zaubern.

Wichtiger Hinweis:

Alle Rezepte in diesem Buch benötigen nur 6 Hauptzutaten und ab und an ein paar Zutaten, die du immer im Vorrat haben solltest: Zimt, Datteln (perfekt zum Süßen), Rapsöl, Olivenöl, Salz, Pfeffer, Gemüsebrühe

Deine VORRATSKAMMER

Um spontan, gesund und frisch kochen zu können, empfiehlt es sich, einige Lebensmittel immer zu Hause zu haben. Ich verrate dir, welche Lebensmittel für mich bei einer zuckerfreien und gesunden Ernährung nie in der Vorratskammer fehlen dürfen und was du zu Hause haben solltest, um meine Rezepte jederzeit umsetzen zu können.

GEWÜRZE

- Zimt
- Bourbon-Vanille, gemahlen
- Paprikapulver
- Kräuter, getrocknete
- Salz
- Pfeffer

FRISCHE ZUTATEN

- Bananen (überreif)
- Apfel
- Zwiebel
- Knoblauch

GEFRORENE ZUTATEN

- TK-Himbeeren
- gefrorene Banane
- TK-Erdbeeren
- TK-Beerenmix

WEITERE HALTBARE LEBENSMITTEL:

- Haferflocken
- Datteln
- Zwetschgen, getrocknet
- Aprikosen, getrocknet
- Dinkelmehl
- Dinkelvollkornmehl
- Roggenmehl
- Roggenvollkornmehl
- Backpulver
- Hefe
- Backkakao/Rohkakao
- Apfelmus
- Hafermilch
- Essig
- getrocknete Datteln, Olivenöl, Rapsöl, Salz, Pfeffer (Diese Zutaten werden bei den sechs Hauptzutaten der Rezepte nicht mitgezählt)

NÜSSE, SAMEN UND NUSSMUS:

- Cashewnüsse
- Mandeln
- Sonnenblumenkerne
- Leinsamen
- Haselnüsse
- Cashewmus
- Mandelmus, weiß &braun
- Haselnussmus
- Tahini (Sesammus)

REZEPTE

SCHOKO-PORRIDGE

100 g
HAFERFLOCKEN

300 ml
HAFERMILCH

2 EL
BACKKAKAO

1
BANANE

¼ TL
LEINSAMEN, GESCHROTET

2 EL
HASELNUSSMUS

2 PORTIONEN

10 MIN.

Die Haferflocken kurz im Topf anrösten. Mit der Hafermilch auffüllen und kurz aufkochen lassen. • Alle weiteren Zutaten hinzufügen und unter ständigem Rühren bei mittlerer Hitze köcheln lassen bis das Porridge cremig ist.

APFEL-ZIMT-PORRIDGE

1
APFEL

4 EL
APFELMUS

100 g
HAFERFLOCKEN

350 ml
HAFERMILCH

1 EL
MANDELMUS

AUS DEM VORRAT: 6 EL WASSER • 1 TL ZIMT

2 PORTIONEN

15 MIN.

Den Apfel waschen, kleinschneiden und mit dem Wasser im geschlossenen Kochtopf dünsten. • Sobald der Apfel weich ist, alle weiteren Zutaten hinzufügen und unter Rühren kurz aufkochen lassen. • Bei mittlerer Hitze unter ständigem Rühren das Porridge kochen bis es eine cremige Konsistenz hat.

HIMBEER-VANILLEPUDDING-OATS

1 BANANE — *100 g* HAFERFLOCKEN — *300 ml* HAFERMILCH

110 g TK-HIMBEEREN — *1 EL* MANDELMUS, WEIẞ — *1 ½ EL* VANILLEPUDDINGPULVER

2 PORTIONEN

10 MIN.

Die geschälte Banane mit einer Gabel zerdrücken. Haferflocken kurz im Topf anrösten, mit der Hafermilch aufgießen und kurz aufkochen lassen. • Die Himbeeren, die Banane und das Mandelmus unterrühren und bei mittlerer Hitze unter ständigem Rühren das Porridge kochen. • Kurz bevor das Porridge fertig ist, das Vanillepuddingpulver unterrühren.

LEBKUCHEN-PORRIDGE

100 g HAFERFLOCKEN — *300 g* HAFERMILCH — *1 EL* MANDELMUS, BRAUN

½ TL BACKKAKAO — *1 TL* LEBKUCHENGEWÜRZ

AUS DEM VORRAT: 1 EL DATTELPASTE (SEITE 98)

2 PORTIONEN

10 MIN.

Die Haferflocken kurz im Topf anrösten. • Mit der Hafermilch auffüllen und kurz aufkochen lassen. • Alle weiteren Zutaten hinzufügen und unter ständigem Rühren bei mittlerer Hitze köcheln lassen bis das Porridge cremig ist.

POLENTA-PORRIDGE

550 ml
HAFERMILCH

1 Prise
VANILLE

90 g
POLENTA

AUS DEM VORRAT: 3 DATTELN • ¼ TL ZIMT

2 PORTIONEN

35 MIN.

Die Datteln mit einem Teil der Hafermilch pürieren. • Die pürierten Datteln und die restliche Hafermilch in einem Topf zum Kochen bringen und die Gewürze hinzugeben. • Den Topf kurz von der Platte nehmen und unter ständigem Rühren die Polenta hinzufügen. • Die Polenta bei schwacher Hitze ca. 30 Min. leicht köcheln lassen und dabei immer wieder umrühren.

Tipp: Mit Beeren und gehackten Mandeln servieren. Sollte die Polenta zu fest werden, noch etwas mehr Hafermilch hinzufügen.

GRÜNE OVERNIGHT-OATS

1
BANANE

100 g
BLATTSPINAT

300 ml
HAFERMILCH

100 g
HAFERFLOCKEN, FEINBLATT

1 Msp.
BOURBON-VANILLE, GEMAHLEN

2 PORTIONEN

5 MIN +
12 STD.
RUHEZEIT

Die Banane mit dem Blattspinat und der Hafermilch pürieren. • Anschließend mit den Haferflocken und der Vanille verrühren. • Die Overnight-Oats in ein verschließbares Glas füllen und über Nacht in den Kühlschrank stellen. Am nächsten Morgen genießen.

Tipp: Dieses Rezept eignet sich perfekt, um es mit in die Arbeit, die Schule oder den Kindergarten zu nehmen.

HIMBEER-OVERNIGHT-OATS

180 g HIMBEEREN — 100 g HAFERFLOCKEN — 2 EL CHIASAMEN

2 TL MANDELMUS, WEIß — 300 ml HAFERMILCH — 4 EL JOGHURT

2 PORTIONEN

5 MIN + 12 STD. RUHEZEIT

140 g Himbeeren mit einer Gabel leicht zerdrücken. • Nun die Haferflocken, die Chiasamen, die Hafermilch und das weiße Mandelmus zu den Himbeeren hinzufügen und miteinander verrühren. • Die Overnight-Oats in ein verschließbares Glas geben und über Nacht in den Kühlschrank stellen. • Am nächsten Morgen aus dem Kühlschrank nehmen, Joghurt darübergeben und mit den restlichen frischen Himbeeren anrichten.

Tipp: Dieses Rezept eignet sich perfekt, um es mit in die Arbeit, die Schule oder den Kindergarten zu nehmen.

APFEL-ZIMT-OVERNIGHT-OATS

1 ½ ÄPFEL — 100 g HAFERFLOCKEN — 2 EL CHIASAMEN

300 ml HAFERMILCH — 2 TL MANDELMUS, BRAUN — 4 EL JOGHURT

AUS DEM VORRAT: 1 TL ZIMT

2 PORTIONEN

5 MIN. + 12 STD. RUHEZEIT

Einen Apfel waschen und in kleine Würfel schneiden. • Nun die Haferflocken, die Chiasamen, die Hafermilch, den Zimt und das Mandelmus zu den Apfelstücken hinzufügen und miteinander verrühren. • Die Overnight-Oats in ein verschließbares Glas geben und über Nacht in den Kühlschrank stellen. • Am nächsten Morgen aus dem Kühlschrank nehmen, Joghurt darübergeben, einen halben Apfel kleinschneiden und die Apfelstücke auf den Joghurt geben.

Tipp: Dieses Rezept eignet sich perfekt, um es mit in die Arbeit, die Schule oder den Kindergarten zu nehmen.

BAKED-OATS MIT BEEREN

2 BANANEN — *200 g* HAFERFLOCKEN — *300 ml* HAFERMILCH

2 TL BACKPULVER — *80 g* TK-BEEREN

AUS DEM VORRAT: ½ TL ZIMT

2 PORTIONEN

40 MIN.

Die Bananen schälen und mit den Haferflocken, der Hafermilch, dem Backpulver und dem Zimt pürieren. • Währenddessen den Backofen auf 180 °C Heißluft vorheizen. Die Masse auf 2 Formen aufteilen, die Beeren darauf verteilen und ca. 30–35 Min. backen.

SCHOKO-BIRNEN-BAKED-OATS

2 BIRNEN — *½* BANANE — *300 g* HAFERFLOCKEN

475 ml HAFERMILCH — *3 EL* BACKKAKAO — *2 TL* BACKPULVER

AUS DEM VORRAT: 6 DATTELN • 1 TL ZIMT

2 PORTIONEN

30 MIN.

Die Birnen waschen und kleinschneiden. • Die Banane schälen und mit den restlichen Zutaten pürieren. • Die Birnenstücke unter die Masse mischen und diese anschließend auf 2 Formen aufteilen. • Im vorgeheizten Backofen bei 180 °C Heißluft ca. 15–20 Minuten backen und am besten noch warm genießen.

SCHOKO-GRIEßBREI

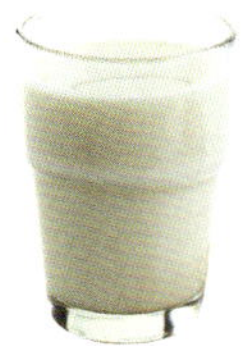

1 BANANE — *200 ml* HAFERMILCH — *40 g* DINKELGRIEß

1 ½ EL BACKKAKAO

AUS DEM VORRAT: 1 PRISE ZIMT

2 PORTIONEN

10 MIN.

Die geschälte Banane mit einer Gabel zerdrücken. • Nun die Hafermilch samt Banane in einem Topf erhitzen. • Anschließend den Grieß, das Kakaopulver und den Zimt hinzufügen und gut verrühren. • Bei sehr schwacher Hitze einige Minuten ziehen lassen. • Mit Obst und Nüssen anrichten und warm genießen.

Leichte Kost am Abend:
Dinkelgrieß
fördert DEN
SCHLAF.

CHIA-PUDDING MIT ERDBEEREN

350 g ERDBEEREN — *150 g* JOGHURT — *75 g* CHIASAMEN

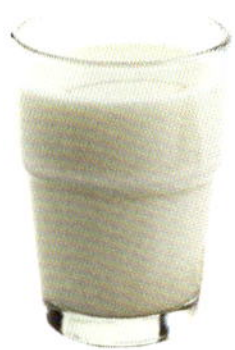

500 ml HAFERMILCH — *1 Prise* BOURBON-VANILLE, GEMAHLEN

2 PORTIONEN

5 MIN. +
30 MIN.
RUHEZEIT

300 g Erdbeeren pürieren und anschließend mit 100 g Joghurt vermischen. • Die Chiasamen, die Hafermilch, 50 g Joghurt und die Vanille miteinander verrühren und ca. 30 Min. oder über Nacht im Kühlschrank quellen lassen. • Den Chia-Pudding auf 2 Gläser verteilen, den Himbeer-Joghurt darauf verteilen und die restlichen Erdbeeren daraufgeben.

Tipp: Wenn Gläser verwendet werden, die sich verschließen lassen, kann dieses Frühstück ganz einfach mit in die Arbeit oder Schule genommen werden.

CHIASAMEN

sind ein äußerst ballaststoffreiches Pseudogetreide und machen somit lange satt.

CHIA-PUDDING MIT MANGO

350 g
MANGO

150 g
JOGHURT

75 g
CHIASAMEN

500 ml
HAFERMILCH

1 Prise
BOURBON-VANILLE, GEMAHLEN

2 PORTIONEN

5 MIN. + 30 MIN. RUHEZEIT

300 g Mango pürieren und anschließend mit 100 g Joghurt vermischen. • Die Chiasamen, die Hafermilch, 50 g Joghurt und die Vanille miteinander verrühren und ca. 30 Min. oder über Nacht im Kühlschrank quellen lassen. • Den Chia-Pudding auf 2 Gläser verteilen, den Mango-Joghurt darauf verteilen und die restlichen Mangostücke daraufgeben.

Tipp: Wenn Gläser verwendet werden, die sich verschließen lassen, kann dieses Frühstück ganz einfach mit in die Arbeit oder Schule genommen werden

APFEL-ZIMT-GRANOLA

120 g
HAFERFLOCKEN

60 g
LEINSAMEN

40 g
HANFSAMEN, UNGESCHÄLT

100 g
MANDELN, GEHACKT

60 g
ÄPFEL, GETROCKNET

AUS DEM VORRAT: 120 G DATTELPASTE (SEITE 98) • 3 TL ZIMT

1 BLECH

5 MIN. + 30 MIN. BACKZEIT

Die Haferflocken, die Leinsamen, die Hanfsamen, die Mandeln und den Zimt mit der Dattelpaste verrühren. • Die klebrige Masse auf einem mit Backpapier ausgelegten Backblech verteilen und mit einem Löffel leicht andrücken. • Bei 150 °C Heißluft ca. 20–30 Minuten goldbraun backen. • Die getrockneten Äpfel währenddessen etwas zerkleinern. • Sobald das Granola vollständig ausgekühlt ist, mit den Händen leicht zerbröseln und die Apfelstücke untermischen.

Tipp: In einem verschließbaren Glas ist das Granola mehrere Wochen haltbar.

BANANEN-GRANOLA

2 BANANEN, ÜBERREIF — 3 EL MANDELMUS — 330 g HAFERFLOCKEN

60 g SONNENBLUMENKERNE — 80 g BUCHWEIZEN

AUS DEM VORRAT: 2 TL ZIMT

1 BLECH

10 MIN. + 40 MIN. BACKZEIT

Die geschälten Bananen mit einer Gabel zerdrücken und mit dem Mandelmus und dem Zimt verrühren. • Anschließend die Haferflocken, die Sonnenblumenkerne und den Buchweizen unterrühren. • Die leicht klebrige Masse auf ein mit Backpapier ausgelegtes Backblech geben und sehr flach drücken. • Bei 150 °C Heißluft ca. 30–40 Min. backen, bis das Granola goldbraun und knusprig ist. • Wenn das Granola ausgekühlt ist, kann es mit den Händen auseinandergebrochen und in einem luftdicht verschlossenen Glas aufbewahrt werden.

SCHOKO-HASELNUSS-GRANOLA

100 g HASELNÜSSE — 60 g CASHEWNÜSSE — 100 g HAFERFLOCKEN

3 EL BACKKAKAO — 1 EL HASELNUSSMUS

AUS DEM VORRAT: 50 G DATTELN • 50 G WASSER

1 BLECH

10 MIN. + 30 MIN. BACKZEIT

Die Haselnüsse und die Cashewnüsse grob hacken. • Die Datteln mit heißem Wasser übergießen, 5 Min. ziehen lassen und anschließend pürieren. • Alle Zutaten in eine Schüssel geben und vermengen. • Das Granola auf ein mit Backpapier belegtes Backblech streichen und bei 150 °C Heißluft ca. 20–30 Min. backen. • Nach dem Abkühlen das Granola auseinanderbrechen und in ein verschließbares Gefäß füllen.

Tipp: Das Granola eignet sich gut, um es zu verschenken. Es schmeckt hervorragend auf Porridge, Smoothie-Bowls, zu Milch und Joghurt.

HIMBEER-PISTAZIEN-GRANOLA

170 g
HAFERFLOCKEN

70 g
BUCHWEIZEN

40 g
LEINSAMEN

100 g
MANDELSTIFTE

40 g
HIMBEEREN, GEFRIERGETROCKNET

100 g
PISTAZIEN, GESCHÄLT

AUS DEM VORRAT: 120 G DATTELPASTE (SEITE 98)

1 BLECH

10 MIN. + 20 MIN. BACKZEIT

Haferflocken, Buchweizen, Leinsamen und Mandelstifte in einer Schüssel vermengen. • Die Dattelpaste hinzugeben und alles miteinander vermengen. • Das Granola auf ein mit Backpapier ausgelegtes Backblech geben und mit einem Löffel flach drücken. • Bei 150 °C Heißluft ca. 20–30 Min. goldbraun backen. • Sobald das Granola ausgekühlt ist, kann es mit den Fingern zerbröselt werden und die gefriergetrockneten Himbeeren und Pistazien können hinzugefügt werden.

Tipp: In einem luftdicht verschließbaren Glas ist das Granola mehrere Wochen oder Monate haltbar.

BROMBEER-NUSS-MUFFINS

150 g
DINKELVOLLKORNMEHL

50 g
MANDELN, GERIEBEN

1 TL
BACKPULVER

160 ml
HAFERMILCH

125 g
BROMBEEREN

AUS DEM VORRAT: ½ TL ZIMT • 90 G DATTELPASTE (SEITE 98) • 1 EL RAPSÖL

9 MUFFINS

10 MIN. + 25 MIN. BACKZEIT

Das Mehl mit den geriebenen Mandeln, dem Backpulver und dem Zimt vermischen. • Nun das Rapsöl, die Hafermilch und die Dattelpaste unterrühren. • Die Brombeeren waschen, vorsichtig unter den Teig heben und den Teig auf ca. 9 Muffinformen aufteilen. • Bei 150 °C Heißluft ca. 25 Min. backen.

SCHOKO-WAFFELN

200 g
DINKELMEHL

2 EL
BACKKAKAO

6 g
BACKPULVER

200 ml
HAFERMILCH

AUS DEM VORRAT: 120 G DATTELPASTE (SEITE 98) • 2 TL RAPSÖL

4 PORTIONEN

10 MIN.

Mehl, Kakao und Backpulver in einer Schüssel miteinander vermischen. • Nun die restlichen Zutaten hinzugeben und zu einem Teig verrühren. • Das Waffeleisen auf mittlere Hitze vorheizen und die Waffeln darin ca. 3–4 Minuten, je nach Waffeleisen, backen.

Tipp: Die Waffeln am besten noch warm mit frischem Obstmus, Obst und Nussmus servieren. Die Waffeln schmecken aber auch kalt am nächsten Tag als Snack für unterwegs noch sehr gut.

BANANEN-WAFFELN

2 BANANEN — 50 g DINKELVOLLKORNMEHL — 70 g DINKELMEHL

½ Pck. BACKPULVER — 80 ml HAFERMILCH — 1 EI

AUS DEM VORRAT: 1 EL RAPSÖL

2 PORTIONEN

15 MIN.

Die geschälten Bananen mit einer Gabel zerdrücken. • Die trockenen Zutaten in einer Schüssel miteinander vermischen. • Anschließend die zerdrückten Bananen und die feuchten Zutaten hinzufügen und alles miteinander verrühren. • Den Teig in das vorgeheizte Waffeleisen geben und die Waffeln darin ca. 3–4 Minuten backen.

APFEL-ZIMT-PANCAKES

1 APFEL — 150 g DINKELVOLLKORNMEHL — 140 g APFELMUS

100 ml HAFERMILCH — 1 EI — 1 TL BACKPULVER

AUS DEM VORRAT: ZIMT

2 PORTIONEN

15 MIN.

Den Apfel waschen und in kleine Stücke schneiden. • Die restlichen Zutaten zu einem Teig verrühren und die Apfelstücke untermischen. • In einer leicht eingefetteten Pfanne die Pancakes backen.

BANANEN-PANCAKES

2
BANANEN

180 ml
HAFERMILCH

190 g
DINKELMEHL

1 TL
BACKPULVER

1 Prise
BOURBON-VANILLE, GEMAHLEN

2 PORTIONEN

20 MIN.

Die geschälten Bananen mit der Hafermilch pürieren. • Anschließend mit den restlichen Zutaten zu einem Teig verrühren. • Den Teig mit einem Löffel oder einem Eisportionierer in die leicht befettete Pfanne geben. • Die Pancakes von beiden Seiten bei mittlerer Hitze goldbraun backen.

Tipp: Mit frischem Obst, Nussmus oder selbstgemachter zuckerfreier Marmelade servieren.

* Je reifer die Bananen, desto süßer der Pancake (DIE ideale Verwertung für überreife Bananen)

HAFER-CASHEW-COOKIES

100 g
CASHEWNÜSSE

100 g
APRIKOSEN, GETROCKNET

100 g
HAFERFLOCKEN

2 EL
KAKAONIBS

2 EL
MANDELMUS, WEIß

AUS DEM VORRAT: 80 G DATTELPASTE (SEITE 98)

15 STÜCK

25 MIN. + 20 MIN. BACKZEIT

Cashewnüsse und Aprikosen klein hacken und mit den Haferflocken und den Kakaonibs mischen. • Nun die Dattelpaste und das Mandelmus hinzugeben, zu einer Masse verkneten, dann mit feuchten Händen aus der Masse Kugeln formen. • Die Kugeln auf ein mit Backpapier ausgelegtes Backblech geben und flach drücken. • Bei 170 °C Heißluft im vorgeheizten Ofen ca. 20–25 Min. backen.

Leckerer und gesunder Keks zum nachmittäglichen Kaffee. Mit gesunden **BALLASTSTOFFEN.**

APFEL-SCHLANGERL

300 g
DINKELMEHL

70 g
BUTTER

1
EI

½ Pck.
BACKPULVER

5
ÄPFEL

AUS DEM VORRAT: 80 G DATTELPASTE (SEITE 98) • 2 EL WASSER • 1 ½ TL ZIMT

1 STRUDEL

30 MIN. + 20 MIN. BACKZEIT

Dinkelmehl, Butter, Dattelpaste, Ei, Wasser und Backpulver zu einem Teig kneten und ca. 30 Min. in den Kühlschrank stellen. • Währenddessen die Äpfel schälen, vierteln, in feine Scheiben raspeln und mit dem Zimt vermischen. • Den Teig am besten zwischen zwei Backpapieren ausrollen, mit den Äpfeln füllen und zuklappen. • Das Apfel-Schlangerl bei 180 °C Heißluft ca. 20 Min. goldbraun backen.

BEERENKUCHEN

1
BANANE, ÜBERREIF

170 g
APFELMUS

200 g
DINKELMEHL

8 g
BACKPULVER

200 g
BEEREN

AUS DEM VORRAT: 20 G RAPSÖL • 1 PRISE SALZ

1 KUCHENBLECH (25×21 CM)

10 MIN. + 30 MIN. BACKZEIT

Die geschälte Banane mit einer Gabel zerdrücken. • Die Banane, Apfelmus, Dinkelmehl, Rapsöl, Backpulver und Salz zu einem Teig rühren. • Den Teig in eine eingefettete Kuchenform füllen. • Die Beeren waschen und auf dem Teig verteilen. Den Kuchen ca. 25–30 Min. bei 175 °C Heißluft backen.

SCHOKO-BANANENBROT

3 BANANEN, ÜBERREIF — 150 ml HAFERMILCH — 200 g DINKELMEHL

100 g DINKELVOLLKORNMEHL — 3 EL BACKKAKAO — 10 g BACKPULVER

AUS DEM VORRAT: 50 ML RAPSÖL • 1 EL DATTELPASTE (SEITE 98) • 1 PRISE SALZ

1 KASTENFORM

10 MIN. + 50 MIN. BACKZEIT

Die geschälten Bananen mit einer Gabel zerdrücken und anschließend mit Hafermilch, Rapsöl und Dattelpaste verrühren. • Mehl, Kakaopulver, Backpulver und Salz ebenfalls hinzugeben und zu einem Teig verrühren. • Den Teig in eine eingefettete Kastenform geben und bei 185 °C Heißluft ca. 45–50 Min. backen.

APRIKOSENKUCHEN

250 g DINKELMEHL — 70 g MANDELMEHL — ½ Pck. BACKPULVER

250 ml HAFERMILCH — 1 EI — 8 APRIKOSEN

AUS DEM VORRAT: ETWAS ZIMT • 160 G DATTELPASTE (SEITE 98) • 1 PRISE SALZ

8 PORTIONEN

10 MIN. + 35 MIN. BACKZEIT

Die trockenen Zutaten in eine Rührschüssel geben und miteinander verrühren. • Dann alle feuchten Zutaten hinzugeben und alles zu einem glatten Teig rühren. • Die Aprikosen waschen und halbieren. • Das Kuchenblech einfetten, den Teig hineingeben und die Aprikosen daraufschichten. • Den Aprikosenkuchen ca. 35 Min. bei 180 °C Heißluft backen.

BEEREN-TARTE

160 g
HAFERFLOCKEN

150 g
MANDELN

600 g
BEEREN

140 g
CASHEWNÜSSE

400 g
JOGHURT

2 gehäufte TL
AGAR-AGAR

AUS DEM VORRAT: 160 G DATTELN • 100 G WASSER

1 SPRINGFORM (26 CM)

30 MIN. + 10 MIN. BACKZEIT + 1 STD. RUHEZEIT

Die Datteln mit heißem Wasser übergießen, 10 Min. ziehen lassen, dann abseihen. 100 g davon mit Haferflocken und Mandeln zu einem klebrigen Teig mixen, ggfs. 1–2 EL Wasser dazugeben. • Den Teig auf dem Boden einer Tarte-Form flach drücken und bei 160°C Grad Heißluft ca. 10 Min. backen. • Beeren, Cashewnüsse und restliche Datteln zu einer Creme pürieren, Joghurt unterheben. • Agar-Agar in 100 g kaltes Wasser geben, 2 Min. aufkochen und unter die Creme heben. • Die Creme auf dem Tarte-Boden verteilen, 1 Std. im Kühlschrank fest werden lassen, dann mit Beeren garnieren.

VOLLKORNBRÖTCHEN

10 g
FRISCHE HEFE

350 g
DINKELVOLLKORNMEHL

150 g
DINKELMEHL

200 g
HAFERFLOCKEN

100 g
KÜRBISKERNE

50 g
SONNENBLUMENKERNE

AUS DEM VORRAT: 15 G SALZ • 500 G LAUWARMES WASSER

20 BRÖTCHEN

10 MIN. + 4 STD. RUHEZEIT + 20 MIN. BACKZEIT

Die Hefe im lauwarmen Wasser auflösen. • Anschließend alle Zutaten, außer ein paar Kürbis- und Sonnenblumenkerne, zu einem Teig verrühren. • Den Teig an einem warmen Ort ca. 3–4 Std. zugedeckt ruhen lassen. • Aus dem Teig ca. 20 Brötchen formen, auf einem Backblech verteilen und mit den restlichen Kernen bestreuen. • Im Backofen bei 210 °C Heißluft ca. 20–25 Minuten mit viel Dampf backen. Für den Dampf kann eine feuerfeste Schale mit Wasser auf den Boden des Backofens gestellt werden.

DINKEL-CRACKER

160 g
DINKELMEHL

1 TL
KRÄUTER, GETROCKNET

½ TL
PAPRIKAPULVER

¼ TL
BACKPULVER

1 TL
FLOHSAMENSCHALEN, GESCHROTET

AUS DEM VORRAT: ½ TL SALZ • 3 EL OLIVENÖL • 90 G WASSER

1 BLECH

5 MIN. + 20 MIN. BACKZEIT

Alle Zutaten zu einem glatten Teig kneten. • Den Teig auf beiden Seiten bemehlen und auf die Größe eines Backpapiers ausrollen. • Den Teig auf das Backpapier geben, in kleine Rechtecke einschneiden, noch mit Salz und Kräutern bestreuen und bei 170 °C Heißluft ca. 20–25 Minuten backen. • Die Cracker auskühlen lassen und an den vorgeschnittenen Bruchstellen zerbrechen, sodass viele kleine Cracker entstehen.

Tipp: Die Cracker luftdicht verschlossen aufbewahren.

SAATENBROT

120 g
LEINSAMEN

100 g
WALNÜSSE

200 g
SONNENBLUMENKERNE

150 g
HAFERFLOCKEN

30 g
FLOHSAMENSCHALEN

AUS DEM VORRAT: 3 EL OLIVENÖL • 10 G SALZ • 400 ML LAUWARMES WASSER

1 KASTENFORM

10 MIN. + 2 STD. RUHEZEIT + 60 MIN. BACKZEIT

Die Hälfte der Leinsamen schroten. • Walnüsse grob hacken. • Die trockenen Zutaten miteinander verrühren. • Flüssige Zutaten (Wasser, Olivenöl) hinzufügen und miteinander verkneten. • Den Teig in eine Kastenform geben und mind. 2 Std. ziehen lassen und anschließend bei 175 °C Heißluft ca. 50–60 Min. backen.

SONNENBLUMENKERN-BROT

4 g
TROCKENHEFE

400 g
DINKELVOLLKORNMEHL

100 g
DINKELMEHL

150 g
SONNENBLUMENKERNE

AUS DEM VORRAT: 10 G SALZ • 500 G LAUWARMES WASSER

1 KASTENFORM

10 MIN. + 50 MIN. BACKZEIT

Die Hefe im lauwarmen Wasser auflösen. • Nun alle Zutaten, außer ein paar Sonnenblumenkerne, zu einem Teig verrühren und ca. 2–4 Std. an einem warmen Ort ruhen lassen. • Den Teig in eine Kastenform geben und mit den restlichen Sonnenblumenkernen bestreuen. • Mit viel Dampf bei 210 °C Heißluft ca. 50 Min. backen.

Tipp: Stelle für den Dampf beim Backen eine feuerfeste Schale mit Wasser auf den Boden des Backofens.

KAROTTEN-WALNUSS-BRÖTCHEN

4
KAROTTEN

100 g
WALNÜSSE

1 TL
TROCKENHEFE

300 g
DINKELVOLLKORNMEHL

200 g
DINKELMEHL

AUS DEM VORRAT: 15 G SALZ • 2 EL OLIVENÖL • 300 G LAUWARMES WASSER

12 BRÖTCHEN

10 MIN. + 2 STD. RUHEZEIT + 20 MIN. BACKZEIT

Die Karotten schälen und raspeln. • Die Walnüsse grob hacken. 3 EL vom lauwarmen Wasser entnehmen und die Trockenhefe darin auflösen. • Alle Zutaten in eine Schüssel geben und zu einem Teig verkneten. • Ca. 2 Std. bei Zimmertemperatur ruhen lassen. • Anschließend längliche Brötchen daraus formen, die Brötchen in der Mitte leicht einschneiden und eine feuerfeste Schale mit Wasser in den Ofen stellen. • Die Brötchen bei 210 °C Heißluft ca. 20 Min. backen.

Tipp: Die Brötchen können direkt nach dem Auskühlen luftdicht verpackt und eingefroren werden. Bei Bedarf kurz auftauen oder mit viel Dampf (Wasserschale im Ofen) bei ca. 100 °C Heißluft im Backofen aufbacken.

HIMBEER-HAFERFLOCKEN-SMOOTHIE

1
BANANE

150 g
TK-HIMBEEREN

40 g
HAFERFLOCKEN

400 ml
HAFERMILCH

2 PORTIONEN

10 MIN.

Die Banane schälen und halbieren. • Alle Zutaten pürieren und auf 2 Gläser aufteilen.

GRÜNER SMOOTHIE

50 g
BABY-BLATTSPINAT

½
APFEL

¼
GURKE

1
KIWI

125 g
ANANAS

AUS DEM VORRAT: 300 G WASSER

2 PORTIONEN

10 MIN.

Den Blattspinat, den Apfel und die Gurke waschen. • Die Kiwi und die Ananas schälen. • Anschließend das Obst und Gemüse in grobe Stücke schneiden und alles gemeinsam mit dem Wasser in einem Hochleistungsmixer pürieren.

ERDNUSS-SMOOTHIE

1 BANANE

275 ml HAFERMILCH

20 g ERDNUSSMUS

2 PORTIONEN

10 MIN.

Die Banane schälen und halbieren. • Alle Zutaten in einen Hochleistungsmixer geben und pürieren. • Auf 2 Gläser verteilen und kühl genießen.

MANGO-KOKOS-SMOOTHIE

250 g TK-MANGO

1 BANANE, GEFROREN

350 g KOKOSDRINK

200 g ANANAS

2PORTIONEN

10 MIN.

Alle Zutaten pürieren. • In 2 Gläser füllen und kalt genießen.

ERFRISCHENDES SOMMERWASSER

Saft von ½
ZITRONE

1 Handvoll
ERDBEEREN

1 Handvoll
HIMBEEREN

Gurkenschalen von ½
GURKE

1 Stück
WASSERMELONE

1 Stück
INGWER, FRISCH

AUS DEM VORRAT: 1 L WASSER

1 L KRUG

5 MIN. + 1 STD. RUHEZEIT

Die Zitrone auspressen. Die Erdbeeren, Himbeeren, Gurkenschalen, das Wassermelonenstück, das Ingwerstück und den Saft der Zitrone in den Krug geben und mit Wasser übergießen. • Das Sommerwasser ca. 1 Std. in den Kühlschrank stellen.

Ideal für
HITZETAGE:
Sommerwasser
MIT frischem Obst
und Ingwer

DATTELN IM SCHOKOMANTEL

1 TL NUSSMUS — *2 Stück* SCHOKOLADE, 100 %IGE

AUS DEM VORRAT: 2 DATTELN

2 PORTIONEN

5 MIN.

Die Datteln der Länge nach aufschneiden und den Kern entnehmen. • Jede Dattel mit ½ TL Nussmus befüllen und ein kleines Stück Schokolade hineinstecken.

TRAUBEN IM SCHOKOMANTEL

50 g SCHOKOLADE, 100 %IGE — *200 g* WEINTRAUBEN

250 G

15 MIN.

Die Schokolade über heißem Dampf oder in der Mikrowelle schmelzen. • Währenddessen die Weintrauben waschen. • Die Weintrauben in der flüssigen Schokolade wälzen und einzeln auf ein Backpapier legen. • Sobald die Schokolade getrocknet ist, können die Weintrauben im Kühlschrank aufbewahrt und gegessen werden.

ROSINEN IM SCHOKOMANTEL

50 g SCHOKOLADE — *150 g* ROSINEN

200 G

10 MIN.

Die Schokolade über heißem Dampf oder in der Mikrowelle schmelzen. • Die Rosinen in der flüssigen Schokolade wälzen und auf einem Backpapier verteilen. • Die Rosinen sollten, wenn möglich, nicht zu nahe beieinanderliegen, damit nicht alle zusammenkleben. Die Schoko-Rosinen trocknen lassen.

ZUCKERFREIE GUMMIBÄRCHEN

2 EL AGAR-AGAR — *250 ml* DIREKTSAFT (DEINER WAHL)

CA. 40 STÜCK

5 MIN. + 20 MIN. RUHEZEIT

Das Agar-Agar in den noch kalten Saft geben und miteinander verrühren. • Anschließend die Mischung einmal aufkochen und ca. 5 Min. leicht köcheln lassen. • Die noch warme Flüssigkeit in kleine Silikonförmchen füllen und ca. 20–30 Minuten abkühlen lassen.

Tipp: Für die Gummibärchen sollte ein Saft ohne zugesetzten Zucker verwendet werden, zum Beispiel selbstgepresster Orangensaft oder ähnliches.

MANGO-MOUSSE

1
MANGO

100 g
QUARK

1 Msp.
BOURBON-VANILLE, GEMAHLEN

150 ml
SAHNE

2 PORTIONEN

10 MIN.

Die Mango schälen, das Fruchtfleisch vom Kern lösen und gemeinsam mit dem Quark und der Vanille pürieren. • Die Sahne steif schlagen und anschließend vorsichtig das Mango-Quark-Püree unterheben. • Die Creme auf 2 Schalen aufteilen, kurz kühl stellen und gerne mit frischen Mangostücken anrichten.

APRIKOSEN-KOKOS-MÜSLIRIEGEL

70 g
APRIKOSEN, GEDÖRRT

50 g
CASHEWNÜSSE

100 g
HAFERFLOCKEN

20 g
KOKOSRASPEL

20 g
SONNENBLUMENKERNE

AUS DEM VORRAT: 100 G DATTELPASTE (SEITE 98)

12 RIEGEL

10 MIN. + 20 MIN. BACKZEIT

Die Aprikosen in kleine Stücke schneiden und die Cashewnüsse grob hacken. • Alle Zutaten miteinander vermischen, auf 10–12 Müsliriegelformen aufteilen und die Masse darin festdrücken. • Bei 170 °C Heißluft ca. 20 Min. goldgelb backen. • Die Müsliriegel erst aus der Form nehmen, wenn sie vollständig ausgekühlt sind.

ZWETSCHGEN-MÜSLIRIEGEL

70 g ZWETSCHGEN, GEDÖRRT — *50 g* MANDELN — *100 g* HAFERFLOCKEN

20 g LEINSAMEN, GESCHROTET — *20 g* SONNENBLUMEN-KERNE

AUS DEM VORRAT: ½ TL ZIMT • 100 G DATTELPASTE (SEITE 98)

12 RIEGEL

10 MIN. + 20 MIN. BACKZEIT

Die Zwetschgen in kleine Stücke schneiden und die Mandeln grob hacken. • Alle Zutaten miteinander vermischen, auf 10–12 Müsliriegelformen aufteilen und die Masse darin festdrücken. Bei 170 °C Heißluft ca. 20 Min. goldgelb backen. • Die Müsliriegel erst aus der Form nehmen, wenn sie vollständig ausgekühlt sind.

SCHOKO-ENERGYBALLS

80 g CASHEWNÜSSE — *2 EL* HAFERFLOCKEN — *1 EL* HASELNUSSMUS

1 EL ROHKAKAOPULVER

AUS DEM VORRAT: 100 G DATTELN

12 ENERGY-BALLS

10 MIN.

Alle Zutaten im Hochleistungsmixer pürieren, bis eine klebrige Masse entsteht. • Die Masse zu ca. 12 Kugeln formen und luftdicht verschlossen im Kühlschrank aufbewahren.

LEBKUCHEN-ENERGYBALLS

50 g MANDELN — 30 g CASHEWNÜSSE — 2 EL HAFERFLOCKEN

1 EL MANDELMUS, BRAUN — ¾ TL LEBKUCHENGEWÜRZ — ½ EL ROHKAKAOPULVER

AUS DEM VORRAT: 70 G DATTELN

10 ENERGY-BALLS

10 MIN.

Alle Zutaten gemeinsam in den Hochleistungsmixer und darin pürieren, bis eine klebrige Masse entsteht. • Die Masse zu ca. 10 Kugeln formen und luftdicht verschlossen im Kühlschrank aufbewahren.

MANGO-KOKOS-ENERGYBALLS

100 g MANGO, GETROCKNET — 80 g CASHEWNÜSSE — 70 g KOKOSFLOCKEN

50 g HAFERFLOCKEN — 1 EL MANDELMUS, WEIß

AUS DEM VORRAT: 40 G DATTELN • 150 G WASSER

30 ENERGY-BALLS

35 MIN.

Das Wasser zum Kochen bringen und anschließend die getrockneten Mangos und die Datteln ca. 15 Min. darin einweichen. • Das Wasser abgießen und alle Zutaten in einem Hochleistungsmixer pürieren. Die Masse zu Kugeln formen und abschließend in Kokosflocken wälzen.

ERDBEER-CASHEW-ENERGYBALLS

50 g
CASHEWNÜSSE

1 EL
MANDELMUS, WEIß

2 EL
HAFERFLOCKEN

25
ERDBEEREN, GEFRIERGETROCKNET

AUS DEM VORRAT: 100 G DATTELN

12 ENERGY-BALLS

10 MIN.

Alle Zutaten im Hochleistungsmixer pürieren, bis eine klebrige Masse entsteht. • Die Masse zu ca. 12 Kugeln formen und luftdicht verschlossen im Kühlschrank aufbewahren.

ZWETSCHGEN-ZIMT-CRUMBLE

500 g ZWETSCHGEN — *120 g* HAFERFLOCKEN — *60 g* DINKELMEHL

50 g BUTTER

AUS DEM VORRAT: 1 ½ TL ZIMT • 2 EL DATTELPASTE (SEITE 98)

2 PORTIONEN

10 MIN. + 30 MIN. BACKZEIT

Die Zwetschgen waschen, entkernen und in Stücke schneiden. • Anschließend in eine Tarte Backform geben und mit ½ TL Zimt bestreuen. • Die restlichen Zutaten kurz mit den Händen miteinander verkneten. Die Hände zuvor am Besten unter kaltes Wasser halten, damit die Butter nicht zu schnell schmilzt. • Den Teig mit den Fingern über die Zwetschgen bröseln und alles bei 180 °C Heißluft ca. 30 Min. backen.

APFEL-BIRNEN-CRUMBLE

2 ÄPFEL — *1* BIRNE — *120 g* HAFERFLOCKEN

60 g DINKELMEHL — *50 g* BUTTER

AUS DEM VORRAT: ½ TL ZIMT • 2 EL DATTELPASTE (SEITE 98)

2 PORTIONEN

10 MIN. + 30 MIN. BACKZEIT

Die Äpfel und die Birne waschen und in Stücke schneiden. • Anschließend in eine Tarte Backform geben. • Die restlichen Zutaten kurz mit den Händen miteinander verkneten. Die Hände zuvor unter kaltes Wasser halten, damit die Butter nicht zu schnell schmilzt. • Den Teig mit den Fingern über das Obst bröseln und alles bei 180 °C Heißluft ca. 30 Min. backen.

MANGO-NICECREAM

4
BANANEN, GEFROREN

200 g
TK-MANGO

6 PORTIONEN

10 MIN.

Die Bananen schälen, kleinschneiden und mit den Mangostücken in einem Hochleistungsmixer pürieren, bis eine Eiscreme entsteht. Entweder direkt genießen oder in die Kühltruhe geben.

Tipp: »Richtige« Nicecream wird ohne Flüssigkeit gemacht, dadurch wird sie besonders cremig. Das funktioniert jedoch nur mit hochwertigen Hochleistungsmixern. Bei schwächeren Modellen kann das Zufügen von etwas mehr Flüssigkeit notwendig sein.

ERDBEER-NICECREAM

4
BANANEN, GEFROREN

250 g
TK-ERDBEEREN

6 PORTIONEN

10 MIN.

Die Bananen schälen, kleinschneiden und mit den Erdbeeren in einem Hochleistungsmixer pürieren, bis eine Eiscreme entsteht. Entweder direkt genießen oder in die Kühltruhe geben.

ZWETSCHGEN-ZIMT-EIS AM STIEL

6
ZWETSCHGEN

AUS DEM VORRAT: 1 TL ZIMT • 1 DATTEL

4 PORTIONEN

10 MIN +
4 STD.
EINFRIERZEIT

Die Zwetschgen entsteinen und mit allen anderen Zutaten pürieren. • Die Masse in Eisformen füllen und mind. 4 Std. oder über Nacht einfrieren.

VANILLEEIS (VEGAN)

80 g CASHEWNÜSSE

60 g MANDELN, GESCHÄLT

½ TL BOURBON-VANILLE, GEMAHLEN

AUS DEM VORRAT: 115 G DATTELN • 350 G WASSER

6 PORTIONEN

5 MIN. + 30 MIN. QUELLZEIT + 2 STD. EINFRIERZEIT

Die Nüsse mit heißem Wasser übergießen und ca. 30 Min. quellen lassen. • Nun die Nüsse abseihen und mit den Datteln und 350 g frischem Wasser cremig pürieren. • Zum Schluss die Vanille hinzufügen und nochmals kurz pürieren. • Die Masse in ein luftdicht verschließbares Gefäß füllen und mind. 2 Std. oder über Nacht einfrieren.

Tipp: Vor dem Essen kurz antauen lassen, damit das Eis wieder schön cremig ist.

BEERENEIS (VEGAN)

80 g CASHEWNÜSSE

150 g TK-ERDBEEREN

250 g TK-BEERENMIX

AUS DEM VORRAT: 100 G DATTELN • 350 G WASSER

6 PORTIONEN

5 MIN. + 30 MIN. QUELLZEIT + 2 STD. EINFRIERZEIT

Das Wasser zum Kochen bringen und anschließend die Nüsse und Datteln 30 Min. darin einweichen. • Die Nüsse und Datteln samt Wasser zu einer feinen Creme pürieren. • Nun noch die TK-Beeren hinzufügen und nochmals pürieren. • In ein verschließbares Gefäß füllen und mind. 2 Std. in die Tiefkühltruhe geben. • Bei Bedarf kurz antauen lassen und mit einem Portionierer entnehmen. Mit Minzblättern garnieren und genießen.

GEFRORENE HEIDELBEER-JOGHURT-HAPPEN

130 g HEIDELBEEREN
100 g JOGHURT

2 PORTIONEN

5 MIN. + 3 STD. EINFRIERZEIT

Die Heidelbeeren waschen und abtrocknen. • Anschließend immer eine Heidelbeere auf einen Zahnstocher stechen und in Joghurt tauchen. • Die Heidelbeeren auf ein Backblech mit Backpapier legen und mind. 3 Std. einfrieren.

KIRSCH-JOGHURT-EIS AM STIEL

300 g KIRSCHEN, ENTKERNT
½ BANANE
4 EL JOGHURT

6 PORTIONEN

5 MIN. + EINFRIERZEIT

Die Kirschen mit der geschälten Banane pürieren. • Den Joghurt unterrühren und die Masse in Eisformen füllen. • Über Nacht einfrieren.

Tipp: Anstatt der Kirschen kann auch anderes Obst verwendet werden.

HIMBEER-EISKONFEKT MIT SCHOKOGUSS

200 g
TK-HIMBEEREN

3 EL
CASHEWMUS

80 g
SCHOKOLADE, ZUCKERFREI

15 PORTIONEN

20 MIN. + 4 STD. EINFRIERZEIT

Die TK-Himbeeren und das Cashewmus pürieren. • Die Himbeercreme auf ca. 15 Eiswürfelformen aufteilen und mind. 4 Std. oder über Nacht einfrieren. • Die Schokolade schmelzen, das Himbeer-Eiskonfekt kurz darin eintauchen und erneut einfrieren.

ERDBEER-KIWI-EIS AM STIEL

230 g
ERDBEEREN

3
KIWIS

6 PORTIONEN

10 MIN. +
4 STD.
EINFRIERZEIT

Die Erdbeeren waschen, das Grün entfernen und die Erdbeeren pürieren. • Die Kiwis schälen und ebenfalls pürieren. • Nun das Erdbeer- und das Kiwi-Püree in Eisformen übereinanderschichten und ca. 4 Std. oder über Nacht einfrieren.

GEMÜSECREMESUPPE

3 KAROTTEN — ½ ZUCCHINI — ½ LAUCH

5 KARTOFFELN — 80 g PETERSILIENWURZEL — 120 g SELLERIEKNOLLE

AUS DEM VORRAT: OLIVENÖL • SALZ • PFEFFER • 1 ½ L WASSER

2 PORTIONEN

35 MIN.

Gemüse waschen und kleinschneiden. • Mit etwas Olivenöl in einem Topf anbraten. • Anschließend mit Wasser aufgießen und ca. 20 Min. kochen, bis das Gemüse weich ist. • Die Suppe pürieren und mit Salz und Pfeffer abschmecken.

KOHLRABICREMESUPPE

2 KOHLRABI (CA. 600 G) — 350 g KARTOFFELN — 1 ZWIEBEL

100 g SAHNE — Saft von ½ ZITRONE

AUS DEM VORRAT: OLIVENÖL • SALZ • PFEFFER • 700 ML GEMÜSEBRÜHE

4 PORTIONEN

30 MIN.

Kohlrabi, Kartoffeln und Zwiebel schälen und schneiden. • Zuerst die Zwiebel mit etwas Olivenöl in einem großen Kochtopf anbraten. • Anschließend die Kartoffel- und Kohlrabistücke hinzufügen und kurz mitanbraten. • Nun mit der Gemüsebrühe aufgießen und ca. 20 Min. köcheln lassen. • Die Suppe pürieren und mit Sahne, Zitronensaft, Salz und Pfeffer abschmecken.

Achtung: Fertige Gemüsebrühe kann Zucker enthalten.

KAROTTEN-INGWER-SUPPE

400 g KAROTTEN

15 g INGWER

1 ZWIEBEL

2 KNOBLAUCHZEHEN

200 ml SAHNE

AUS DEM VORRAT: SALZ • PFEFFER • OLIVENÖL • 800 ML GEMÜSEBRÜHE

4 PORTIONEN

30 MIN.

Das Gemüse schälen und grob schneiden. • Anschließend mit etwas Olivenöl in einem Kochtopf anbraten und nach 5 Min. mit der Gemüsebrühe aufgießen. • Die Suppe ca. 20 Min. kochen lassen, bis die Karotten weich sind. • Zum Schluss die Suppe fein pürieren und mit der Sahne und den Gewürzen abschmecken.

Achtung: Fertige Gemüsebrühe kann Zucker enthalten.

SÜßKARTOFFEL-ORANGEN-SUPPE

2 ZWIEBELN

2 SÜßKARTOFFELN, GROß

1 PAPRIKA, ROT

Saft von 2 ORANGEN

AUS DEM VORRAT: OLIVENÖL • SALZ • PFEFFER • 1 L GEMÜSEBRÜHE

6 PORTIONEN

30 MIN.

Die Zwiebel und die Süßkartoffeln schälen und kleinschneiden. • Den Paprika waschen und ebenfalls schneiden. • Zuerst die Zwiebeln mit etwas Olivenöl in einem großen Kochtopf glasig dünsten, anschließend den Paprika und die Süßkartoffeln hinzufügen und kurz mit anbraten. • Das Gemüse mit der Gemüsebrühe aufgießen und ca. 20 Min. bei geschlossenem Deckel köcheln lassen. • Die Suppe pürieren und mit dem Orangensaft, Salz und Pfeffer abschmecken.

Achtung: Fertige Gemüsebrühe kann Zucker enthalten.

ZUCCHINISUPPE

2
ZUCCHINI, KLEIN

1
ZWIEBEL

2
KNOBLAUCHZEHEN

100 ml
SAHNE

Saft von 1/4
ZITRONE

AUS DEM VORRAT: SALZ • PFEFFER • OLIVENÖL • 700 ML GEMÜSEBRÜHE

4 PORTIONEN

30 MIN.

Zucchini, geschälte Zwiebel und geschälten Knoblauch kleinschneiden und mit etwas Olivenöl in einem Kochtopf anbraten. • Mit der Gemüsebrühe aufgießen und 20 Min. leicht köcheln lassen. • Die Suppe pürieren und anschließend mit der Sahne, dem Zitronensaft, Salz und Pfeffer abschmecken.

Achtung: Fertige Gemüsebrühe kann Zucker enthalten.

KÜRBISSUPPE

1 kg
HOKKAIDO-KÜRBIS

1
ZWIEBEL

2
KNOBLAUCHZEHEN

Saft von ½
ZITRONE

100 ml
SAHNE

1 EL
CURRYPULVER

AUS DEM VORRAT: RAPSÖL • SALZ • PFEFFER • 800 ML GEMÜSEBRÜHE

4 PORTIONEN

40 MIN.

Den Kürbis waschen, entkernen und in Würfel schneiden. • Zwiebel und Knoblauch schälen und fein hacken. • Nun Kürbis, Zwiebel und Knoblauch in einem Kochtopf mit etwas Rapsöl anbraten. • Anschließend mit der Gemüsebrühe aufgießen und ca. 20 Min. mit geschlossenem Deckel leicht köcheln lassen. • Die Suppe fein pürieren und mit Zitronensaft, Sahne, Currypulver, Salz und Pfeffer abschmecken.

Achtung: Fertige Gemüsebrühe kann Zucker enthalten.

OFENGEMÜSE

3 KAROTTEN

500 g KARTOFFELN

½ ZUCCHINI

200 g CHAMPIGNONS

½ TL PAPRIKAPULVER

AUS DEM VORRAT: 3 EL OLIVENÖL • SALZ • PFEFFER

2 PORTIONEN

10 MIN. + 30 MIN. BACKZEIT

Das Gemüse waschen und die Karotten schälen. • Die Kartoffeln, die Zucchini und die Karotten in Spalten schneiden. • Die Champignons halbieren und alles Gemüse in eine Schüssel geben. • Mit dem Olivenöl und den Gewürzen vermischen. • Auf ein mit Backpapier ausgelegtes Backblech geben und bei 200 °C Heißluft ca. 30 Min. backen.

Tipp: Besonders lecker schmeckt ein selbstgemachter Joghurt-Kräuter-Dip (Seite 104) dazu.

DINKELLAIBCHEN

200 g DINKELSCHROT

1 ZWIEBEL

2 KAROTTEN

2 EIER

120 g SEMMELBRÖSEL

AUS DEM VORRAT: RAPSÖL • SALZ • PFEFFER • GEMÜSEBRÜHE

4 PORTIONEN

20 MIN. + 20 MIN. RUHEZEIT

Die Gemüsebrühe aufkochen, vom Herd nehmen, den Dinkelschrot unterrühren und ca. 20 Min. quellen lassen. • Währenddessen die Zwiebel schneiden und die Karotten raspeln. • Die Zwiebel kurz mit etwas Öl in der Pfanne glasig braten. • Die Dinkelschrotmasse, die geröstete Zwiebel, die Karotten, die Eier, 60 g der Semmelbrösel, Salz und Pfeffer zusammenfügen. • Aus der Masse Laibchen formen, in den restlichen Semmelbröseln wenden und mit etwas Öl in der Pfanne braten.

Achtung: Fertige Gemüsebrühe kann Zucker enthalten.

VOLLKORNPIZZA

350 g DINKELVOLLKORNMEHL — 150 g DINKELMEHL — 10 g FRISCHE HEFE

AUS DEM VORRAT: 3 EL OLIVENÖL • 15 G SALZ • 350 G LAUWARMES WASSER

2 PORTIONEN

10 MIN. + 2 STD. RUHEZEIT + 12 MIN. BACKZEIT

Mehle und Salz in eine Schüssel geben. • Die Hefe im lauwarmen Wasser auflösen und zu den trockenen Zutaten hinzufügen. • Den Teig kneten, Olivenöl dazugeben und anschließen zugedeckt mind. 2 Std. ruhen lassen. • Aus dem Teig ca. 3 dünne, runde Pizzen formen, nach Belieben belegen und bei 250 °C Heißluft ca. 10–12 Min. backen.

ZUCCHINI-KÄSE-BÄLLCHEN

250 g ZUCCHINI — 2 KNOBLAUCHZEHEN — 75 g BERGKÄSE

1 EI — 50 g PANIERMEHL — 75 g DINKELVOLLKORNMEHL

AUS DEM VORRAT: SALZ • PFEFFER

2 PORTIONEN

10 MIN. + 20 MIN. BACKZEIT

Die Zucchini waschen und raspeln. • Die geschälten Knoblauchzehen durch eine Knoblauchpresse drücken. • Alle Zutaten miteinander vermengen. • Aus dem Teig ca. 12 Kugeln formen und bei 180 °C Heißluft ca. 15–20 Min. backen bis sie goldbraun sind.

Tipp: Die Zucchini-Käse-Bällchen schmecken besonders lecker mit einem Joghurt-Kräuter-Dip (Seite 104).

SÜßKARTOFFEL-TOAST MIT AVOCADO

1
SÜßKARTOFFEL

2 EL
FRISCHKÄSE

1–2 TL
MEERRETTICH, GERIEBEN

1
AVOCADO

Saft von ½
LIMETTE

AUS DEM VORRAT: SALZ • PFEFFER • OLIVENÖL

2 PORTIONEN

10 MIN. + 25 MIN. BACKZEIT

Die Süßkartoffel schälen und in ca. 1 cm dicke Scheiben schneiden. • Die Süßkartoffelscheiben mit Olivenöl bestreichen, mit Salz und Pfeffer bestreuen und anschließend bei 175 °C Heißluft ca. 25 Minuten backen. • Die Süßkartoffelscheiben mit Frischkäse bestreichen und mit Salz und Pfeffer würzen. • Den geriebenen Meerrettich auf dem Frischkäse verteilen. • Zum Schluss die Avocado entkernen, in Scheiben schneiden, auf den Süßkartoffeltoasts verteilen und mit Limettensaft beträufeln.

POLENTA-SCHNITTEN MIT RUCOLA

1
ZWIEBEL

130 g
POLENTA

90 g
TOMATEN, GETROCKNET

80 g
FETA

etwas
RUCOLA

AUS DEM VORRAT: OLIVENÖL • GEMÜSEBRÜHE

2 PORTIONEN

20 MIN. +
30 MIN.
BACKZEIT

Die Zwiebel schälen, klein schneiden und mit etwas Olivenöl in einem Topf anbraten. • Mit der Gemüsebrühe ablöschen und kurz aufkochen lassen. • Den Topf vom Herd nehmen und unter ständigem Rühren die Polenta hinzufügen. • Die Polenta anschließend ca. 15 Min. bei sehr schwacher Hitze ziehen lassen. • Währenddessen immer mal wieder umrühren und die Tomaten und den Feta klein schneiden. • Die Tomaten und den Feta unter die Polenta heben, die Masse in eine eingefettete Backform füllen und glatt streichen. • Bei 180 °C Heißluft ca. 30 Min. backen und anschließend mit frischem Rucola servieren.

Achtung: Fertige Gemüsebrühe kann Zucker enthalten.

POLENTA eignet sich hervorragend für schnelle, leckere Gerichte.

WEIßER-BOHNEN-SALAT

240 g
WEIßE BOHNEN (DOSE)

250 g
CHERRYTOMATEN

½
ZWIEBEL, ROT

10 g
PETERSILIE

Saft von ½
ZITRONE

4 EL
ESSIG

AUS DEM VORRAT: 6 EL ÖL • SALZ • PFEFFER

2 PORTIONEN

10 MIN.

Die weißen Bohnen aus der Dose leeren und gut abspülen. • Die Tomaten vierteln, die Zwiebel schälen und fein würfeln und die Petersilie grob hacken. • Die Zutaten zusammenfügen und mit Zitronensaft, Essig, Öl, Salz und Pfeffer vermengen.

BULGUR-SALAT

150 g BULGUR — *270 g* TOMATEN — *170 g* GURKE

80 g FETA — *6 EL* ESSIG

AUS DEM VORRAT: 10 EL OLIVENÖL • SALZ • PFEFFER

4 PORTIONEN

15 MIN.

Salzwasser zum Kochen bringen und den Bulgur ca. 8–12 Minuten darin kochen. • Währenddessen die Tomaten und die Gurke waschen und in kleine Stücke schneiden. • Den Feta ebenfalls klein schneiden. • Sobald der Bulgur fertig gekocht ist, kurz abseihen und auskühlen lassen. • Das Gemüse, den Feta und den Bulgur in einer großen Schüssel miteinander vermengen und mit Essig, Olivenöl, Salz und Pfeffer abschmecken.

LINSEN-MANGO-SALAT

1 MANGO — *½* GURKE — *20 g* PETERSILIE

265 g BRAUNE LINSEN (DOSE) — *½* GRANATAPFEL — *4 EL* ESSIG

AUS DEM VORRAT: 6 EL OLIVENÖL • SALZ • PFEFFER

4 PORTIONEN

10 MIN.

Die Mango schälen und in kleine Stücke schneiden. • Die Gurke und Petersilie waschen und ebenfalls kleinschneiden. • Die Linsen abseihen und gut durchspülen. • Die Granatapfelkerne aus dem Granatapfel lösen. Alles in eine Schüssel geben und mit Essig, Olivenöl, Salz und Pfeffer marinieren.

Tipp: Besonders gut passen auch Walnüsse oder andere Nüsse zum Salat.

ERDBEER-RUCOLA-SALAT

270 g ERDBEEREN — 4 EL ESSIG — ½ TL SENF

50 g RUCOLA — ¼ GURKE

AUS DEM VORRAT: 3 EL OLIVENÖL • SALZ • PFEFFER

2 PORTIONEN

15 MIN.

Für das Dressing 50 g Erdbeeren, Essig, Olivenöl, Senf, Salz und Pfeffer pürieren. • Die restlichen Erdbeeren in Scheiben schneiden. • Rucola und Gurke waschen und die Gurke schneiden. • Rucola, Gurke und Erdbeeren in eine Salatschüssel geben und mit dem Dressing vermengen.

BUNTER COUSCOUS-SALAT

125 g COUSCOUS — ¼ GURKE — 125 g CHERRYTOMATE

75 g FETA — 45 g OLIVEN — 4 EL ESSIG

AUS DEM VORRAT: 4 EL OLIVENÖL • SALZ • PFEFFER • 125 G WASSER

2 PORTIONEN

15 MIN.

Das Wasser mit etwas Salz zum Kochen bringen. • Den Topf vom Herd nehmen, Couscous einrühren und ca. 5 Min. quellen lassen. • Das Gemüse waschen. • Das Gemüse und den Feta klein schneiden und mit dem Couscous vermischen. • Das Dressing aus Olivenöl, Essig, Salz und Pfeffer zubereiten und über den Couscous-Salat geben.

KARTOFFEL-ZUCCHINI-PUFFER

350 g
ZUCCHINI

250 g
KARTOFFELN

100 g
KAROTTEN

2
KNOBLAUCHZEHEN

150 g
DINKELMEHL

2
EIER

AUS DEM VORRAT: OLIVENÖL • SALZ • PFEFFER

18 STÜCK

30 MIN.

Die Zucchini waschen und die Kartoffeln und die Karotten schälen. • Das Gemüse mithilfe einer Gemüsereibe raspeln und den geschälten Knoblauch durch eine Knoblauchpresse drücken. • Das Gemüse mit dem Dinkelmehl, den Eiern, den Gewürzen und dem Knoblauch vermischen und kleine Bratlinge daraus formen. • Die Laibchen mit etwas Öl ca. 5 Min. pro Seite bei geschlossenem Deckel braten.

Tipp: Besonders gut passt ein Joghurtdip dazu.

LINSEN-EINTOPF

500 g KARTOFFELN

1 ZWIEBEL

4 KNOBLAUCHZEHEN

1 EL PAPRIKAPULVER

3 EL TOMATENMARK

720 g BRAUNE LINSEN (DOSE)

AUS DEM VORRAT: OLIVENÖL • SALZ • PFEFFER • 700 ML WASSER

2 PORTIONEN

40 MIN.

Die Kartoffeln schälen und in Würfel schneiden. • Die Zwiebel und die Knoblauchzehen ebenfalls schälen und kleinschneiden. • Die Zwiebel und den Knoblauch mit etwas Olivenöl in einem Topf anbraten. • Wasser, Kartoffeln und Salz hinzufügen und ca. 20 Min. köcheln lassen. • Die Gewürze, das Tomatenmark und die Linsen hinzugeben und weitere 10 Min. kochen.

Tipp: Mit einem Klecks Joghurt und frischer Petersilie servieren.

DATTELPASTE

100 g
DATTELN

AUS DEM VORRAT: 100 G HEIßES WASSER

200 G

10 MIN.

Die Datteln mit heißem Wasser übergießen und ca. 10 Min. ziehen lassen. • Anschließend die Datteln samt Wasser cremig pürieren.

Tipp: Die Dattelpaste luftdicht verschlossen im Kühlschrank aufbewahren, so hält sie sich ca. eine Woche. Du kannst sie auch portionsweise einfrieren.

ZUCKERFREIE MARMELADE

300 g
TK-ERDBEEREN

1 TL
FLOHSAMENSCHALEN, GEMAHLEN

AUS DEM VORRAT: 1 DATTEL

2 PORTIONEN

15 MIN.

Die gefrorenen Erdbeeren in einen Topf geben und so lange erhitzen, bis sie vollständig aufgetaut sind. • Die Erdbeeren gemeinsam mit der Dattel pürieren. • Das Erdbeermus leicht zum Köcheln bringen, die Flohsamenschalen unterrühren und unter ständigem Rühren 5 Min. leicht kochen. • Die Marmelade abkühlen lassen und in ein sauberes Glas abfüllen.

Tipp: Die Marmelade hält sich ca. 5 Tage im Kühlschrank. Sie kann aber auch sehr gut portionsweise in Eiswürfelformen eingefroren und bei Bedarf kurz aufgetaut werden.

SCHOKO-DATTEL-BROTAUFSTRICH

2 El KOKOSÖL — *4 El* HASELNUSSMUS — *1 El* BACKKAKAO

AUS DEM VORRAT: 70 G DATTELN

1 KLEINES GLAS

10 MIN.

Die Datteln mit dem Kokosöl und dem Haselnussmus im Hochleistungsmixer pürieren. Anschließend den Backkakao hinzufügen und nochmals kurz pürieren. • Den Aufstrich luftdicht verschlossen im Kühlschrank aufbewahren.

AVOCADO-SCHOKO-CREME

2 BANANEN — *1* AVOCADO — *3 El* BACKKAKAO

100 ml HAFERMILCH

AUS DEM VORRAT: 1 DATTEL

2 PORTIONEN

10 MIN.

Die Bananen schälen und halbieren. • Die Avocado halbieren, den Kern entfernen und das Fruchtfleisch mit einem Löffel herauslösen. • Nun alle Zutaten in einem Hochleistungsmixer pürieren.

ERDBEER-RHABARBER-KOMPOTT

500 g ERDBEEREN ———— *500 g* RHABARBER

AUS DEM VORRAT: 2 DATTELN • 100 G WASSER

4 PORTIONEN

10 MIN. + 20 MIN. KOCHZEIT

Die Erdbeeren und den Rhabarber waschen. Bei den Erdbeeren das Grün entfernen und den Rhabarber schälen. Anschließend beides kleinschneiden. • Die Datteln sehr fein schneiden. • Obst und Wasser in einen Topf geben und 20 Min. kochen.

RHABARBER

kühlt, entspannt die Leber
und mildert innere Unruhe.

ROTER-LINSEN-AUFSTRICH

400 g
ROTE LINSEN

50 g
WALNÜSSE

2
KNOBLAUCHZEHEN

4 EL
AJVAR

1 TL
TAHIN

3 EL
TOMATENMARK

AUS DEM VORRAT: 5 EL OLIVENÖL • SALZ • PFEFFER

4 PORTIONEN

10 MIN.

Die roten Linsen in Salzwasser kochen. • Die Linsen abseihen und in den Hochleistungsmixer geben. • Die Walnüsse, das Olivenöl, den Knoblauch, das Ajvar, Tahin und das Tomatenmark zu den roten Linsen geben und pürieren. • Anschließend mit Salz und Pfeffer abschmecken.

DATTEL-CURRY-DIP

1 KNOBLAUCHZEHE — 170 g FRISCHKÄSE — 3 EL JOGHURT

30 ml (HAFER-)MILCH — 2 ½ TL CURRYPULVER

AUS DEM VORRAT: 70 G DATTELN • SALZ • PFEFFER

4 PORTIONEN

20 MIN.

Die Datteln ca. 10 Min. in heißem Wasser einweichen. • Die Datteln abseihen und gemeinsam mit allen anderen Zutaten pürieren. • Zum Schluss mit Salz und Pfeffer abschmecken.

JOGHURT-KRÄUTER-DIP

15 g KRÄUTER, FRISCHE — 2 KNOBLAUCHZEHEN — 300 g JOGHURT

150 g SAUERRAHM — 1 Spritzer ZITRONENSAFT

AUS DEM VORRAT: SALZ • PFEFFER

4 PORTIONEN

5 MIN.

Die Kräuter waschen und fein hacken. • Die geschälten Knoblauchzehen durch eine Knoblauchpresse drücken. • Nun den Joghurt mit dem Sauerrahm vermischen, die Kräuter und den Knoblauch unterrühren und mit Salz, Pfeffer und Zitronensaft abschmecken.

Tipp: Für den Dip können verschiedene frische Kräuter verwendet werden: Schnittlauch, Petersilie, Dill, Basilikum oder Oregano – alles, was du magst.

GERÖSTETER-PAPRIKA-AUFSTRICH

2 PAPRIKA, ROT — *Saft von ½* ZITRONE — 2 KNOBLAUCHZEHEN

3 EL WALNÜSSE — *250 g* FRISCHKÄSE — *20 g* PETERSILIE

AUS DEM VORRAT: 3 EL OLIVENÖL • SALZ • PFEFFER

6 PORTIONEN

10 MIN. + 40 MIN. BACKZEIT

Paprika waschen und vierteln. • In einer Auflaufform mit Olivenöl beträufeln und im Backofen bei 180 °C Heißluft 40 Min. rösten. • Den Paprika gemeinsam mit dem Zitronensaft, den Knoblauchzehen und den Walnüssen pürieren. • Frischkäse und Petersilie hinzufügen und nochmals kurz pürieren. Mit Salz und Pfeffer abschmecken.

Tipp: Schmeckt hervorragend zu Brot, Gemüsesticks und auch als Pastasauce.

ZUCKERFREIES KETCHUP

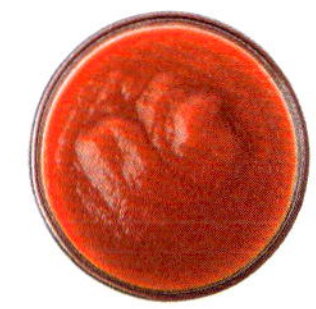

70 g APFEL — *1* KNOBLAUCHZEHE — *200 g* PASSIERTE TOMATEN

4 EL TOMATENMARK — *1 EL* BALSAMICOESSIG — *1 Prise* NELKEN, GEMAHLEN

AUS DEM VORRAT: 3 DATTELN • 1 PRISE ZIMT • SALZ • PFEFFER

1 GLAS

20 MIN.

Den Apfel, die geschälte Knoblauchzehe und die Datteln schneiden. • Alle Zutaten gemeinsam in einen Kochtopf geben und bei schwacher Hitze ca. 15 Min. köcheln lassen. • Anschließend pürieren, in ein sauberes, verschließbares Glas abfüllen und in den Kühlschrank stellen.

ZITRONEN-FETA-DIP

150 g
FETA

150 g
JOGHURT

Saft von 1
ZITRONE

1
KNOBLAUCHZEHE

etwas
ROSMARIN

¼ TL
PAPRIKAPULVER

AUS DEM VORRAT: 2 EL OLIVENÖL • SALZ • PFEFFER

4 PORTIONEN

15 MIN.

Den Feta mit der Hälfte des Joghurts, Zitronensaft, Olivenöl, Knoblauch und Rosmarin pürieren. • Den restlichen Joghurt unterrühren und alles mit Salz, Pfeffer und Paprikapulver abschmecken.

KÜRBISKERN-AUFSTRICH

160 g
FRISCHKÄSE

80 g
JOGHURT

80 g
SAUERRAHM

20 g
KÜRBISKERNÖL

20 g
KÜRBISKERNE, GEHACKT

1 Spritzer
ZITRONENSAFT

AUS DEM VORRAT: SALZ • PFEFFER

4 PORTIONEN

10 MIN.

Den Frischkäse mit dem Joghurt, dem Sauerrahm und dem Kürbiskernöl verrühren. • Nun die gehackten Kürbiskerne unterrühren. • Zum Schluss mit Salz, Pfeffer und Zitronensaft abschmecken.

HUMMUS MIT GETROCKNETEN TOMATEN

1 Dose
KICHERERBSEN

50 g
GETROCKNETE TOMATEN

2 EL
TAHIN

Saft von ½
ZITRONE

2
KNOBLAUCHZEHEN

½ TL
KREUZKÜMMEL, GEMAHLEN

AUS DEM VORRAT: 4 EL OLIVENÖL • SALZ • PFEFFER • 6 EL WASSER

4 PORTIONEN

15 MIN.

Die Kichererbsen mit den getrockneten Tomaten, dem Tahin, dem Zitronensaft, dem Wasser, dem Olivenöl und den geschälten Knoblauchzehen pürieren. • Anschließend mit Kreuzkümmel, Salz und Pfeffer abschmecken.

ERBSEN-HUMMUS

1 Dose
KICHERERBSEN

1 Dose
ERBSEN

Saft von ½
ZITRONE

1 EL
TAHIN

¼ TL
KREUZKÜMMEL

2
KNOBLAUCHZEHEN

AUS DEM VORRAT: 8 EL OLIVENÖL • SALZ • PFEFFER

6 PORTIONEN

10 MIN.

Die Kichererbsen und die Erbsen abseihen. Die Knoblauchzehen schälen. • Alle Zutaten pürieren. • Zum Schluss mit Salz und Pfeffer abschmecken.

Rezept- und Zutatenverzeichnis

Sachverzeichnis

Quellen der Stockfotos von stock.adobe.com

S. 24: Hafermilch: © baibaz/stock.adobe.com – edited by Thieme; Backkakao: © AnKudi/stock.adobe.com; Banane: © Andrzej Tokarski/stock.adobe.com; Leinsamen: © dule964/stock.adobe.com; Apfel: © Markus Mainka (www.markus-mainka.de)/stock.adobe.com; Apfelmus: © Moving Moment/stock.adobe.com; Hafermilch: © baibaz/stock.adobe.com – edited by Thieme; Mandelmus: © jarafoti/stock.adobe.com
S. 25: Banane: © Andrzej Tokarski/stock.adobe.com; Hafermilch: © baibaz/stock.adobe.com – edited by Thieme; TK-Himbeeren: © MissesJones/stock.adobe.com; Mandelmus, weiß: © jarafoti/stock.adobe.com; Vanillepuddingpulver: © kolesnikovserg/stock.adobe.com; Hafermilch: © baibaz/stock.adobe.com – edited by Thieme; Mandelmus, braun: © womue/stock.adobe.com; Backkakao: © AnKudi/stock.adobe.com; Lebkuchengewürz: © Diana Taliun/stock.adobe.com
S. 26: Hafermilch: © baibaz/stock.adobe.com – edited by Thieme; Vanille: © Scisetti Alfio/stock.adobe.com; Polenta: © oxie99/stock.adobe.com
S. 28: Banane: © Andrzej Tokarski/stock.adobe.com; Blattspinat: © New Africa/stock.adobe.com; Hafermilch: © baibaz/stock.adobe.com – edited by Thieme; Bourbon-Vanille: © emuck/stock.adobe.com
S. 30: Himbeeren: © maria_bk/stock.adobe.com; Chiasamen: © photocrew/stock.adobe.com; Mandelmus, weiß: © jarafoti/stock.adobe.com; Hafermilch: © baibaz/stock.adobe.com – edited by Thieme; Äpfel: © Roman Samokhin/stock.adobe.com; Chiasamen: © photocrew/stock.adobe.com; Hafermilch: © baibaz/stock.adobe.com – edited by Thieme; Mandelmus, braun: © womue/stock.adobe.com
S. 31: Bananen: © Andrzej Tokarski/stock.adobe.com – composed by Thieme; Hafermilch: © baibaz/stock.adobe.com – edited by Thieme; Backpulver: © kolesnikovserg/stock.adobe.com; TK-Beeren: © MissesJones/stock.adobe.com; Birnen: © volff/stock.adobe.com; Banane: © TANAPAT/stock.adobe.com; Hafermilch: © baibaz/stock.adobe.com – edited by Thieme; Backkakao: © AnKudi/stock.adobe.com; Backpulver : © kolesnikovserg/stock.adobe.com
S. 32: Banane: © Andrzej Tokarski/stock.adobe.com; Hafermilch: © baibaz/stock.adobe.com – edited by Thieme; Dinkelgrieß: © kolesnikovserg/stock.adobe.com; Backkakao: © AnKudi/stock.adobe.com
S. 34: Erdbeeren: © Parad St/stock.adobe.com; Chiasamen: © photocrew/stock.adobe.com; Hafermilch: © baibaz/stock.adobe.com – edited by Thieme; Bourbon-Vanille: © emuck/stock.adobe.com
S. 36: Mango: © Reena/stock.adobe.com; Chiasamen: © photocrew/stock.adobe.com; Hafermilch: © baibaz/stock.adobe.com – edited by Thieme; Bourbon-Vanille: © emuck/stock.adobe.com; Leinsamen: © kolesnikovserg/stock.adobe.com; Hanfsamen: © womue/stock.adobe.com; Mandeln, gehackt: © Moving Moment/stock.adobe.com; Äpfel, getrocknet: © Andrea/stock.adobe.com
S. 37: Bananen: © Klaus Eppele/stock.adobe.com; Mandelmus: © jarafoti/stock.adobe.com; Sonnenblumenkerne: © Coprid/stock.adobe.com; Buchweizen: © lilkin/stock.adobe.com; Haselnüsse: © Peter Hermes Furian/stock.adobe.com; Cashewnüsse: © Igor Kovalchuk/stock.adobe.com; Backkakao: © AnKudi/stock.adobe.com
S. 38: Buchweizen: © lilkin/stock.adobe.com; Leinsamen: © kolesnikovserg/stock.adobe.com; Mandelstifte: © Moving Moment/stock.adobe.com; Himbeeren: © pamela_d_mcadams/stock.adobe.com; Pistazien: © ExQuisine/stock.adobe.com
S. 40: Dinkelvollkornmehl: © curto/stock.adobe.com; Mandeln, gerieben: © joanna wnuk/stock.adobe.com; Backpulver: © kolesnikovserg/stock.adobe.com; Hafermilch: © baibaz/stock.adobe.com – edited by Thieme; Brombeeren: © Bert Folsom/stock.adobe.com; Dinkelmehl: © Sanja/stock.adobe.com; Backkakao: © AnKudi/stock.adobe.com; Backpulver: © kolesnikovserg/stock.adobe.com; Hafermilch: © baibaz/stock.adobe.com – edited by Thieme
S. 41: Bananen: © Andrzej Tokarski/stock.adobe.com – composed by Thieme; Dinkelvollkornmehl: © curto/stock.adobe.com; Dinkelmehl: © Sanja/stock.adobe.com; Backpulver: © kolesnikovserg/stock.adobe.com; Hafermilch: © kolesnikovserg/stock.adobe.com; Apfel: © Markus Mainka (www.markus-mainka.de)/stock.adobe.com; Dinkelvollkornmehl: © curto/stock.adobe.com; Apfelmus: © Moving Moment/stock.adobe.com; Hafermilch: © kolesnikovserg/stock.adobe.com; Backpulver: © kolesnikovserg/stock.adobe.com
S. 42: Bananen: © Andrzej Tokarski/stock.adobe.com – composed by Thieme; Hafermilch: © baibaz/stock.adobe.com – edited by Thieme; Dinkelmehl: © Sanja/stock.adobe.com; Backpulver: © kolesnikovserg/stock.adobe.com; Bourbon-Vanille: © emuck/stock.adobe.com
S. 44: Cashewnüsse: © Igor Kovalchuk/stock.adobe.com; Aprikosen: © Liaurinko/stock.adobe.com; Kakaonibs: © ExQuisine/stock.adobe.com; Mandelmus, weiß: © jarafoti/stock.adobe.com
S. 46: Dinkelmehl: © Sanja/stock.adobe.com; Butter: © bigacis/stock.adobe.com; Backpulver: © kolesnikovserg/stock.adobe.com; Äpfel: © Africa Studio/stock.adobe.com; Banane: © Klaus Eppele/stock.adobe.com– edited by Thieme; Apfelmus: © Moving Moment/stock.adobe.com; Dinkelmehl: © Sanja/stock.adobe.com; Backpulver: © kolesnikovserg/stock.adobe.com; Beeren: © nikitos77/stock.adobe.com
S. 47: Bananen: © Klaus Eppele/stock.adobe.com; Hafermilch: © kolesnikovserg/stock.adobe.com; Dinkelmehl: © Sanja/stock.adobe.com; Dinkelvollkornmehl: © curto/stock.adobe.com; Backkakao: © AnKudi/stock.adobe.com; Backpulver: © kolesnikovserg/stock.adobe.com; Dinkelmehl: © Sanja/stock.adobe.com; Mandelmehl: © m.u.ozmen/stock.adobe.com; Backpulver: © kolesnikovserg/stock.adobe.com; Hafermilch: © kolesnikovserg/stock.adobe.com; Aprikosen: © Richard Oechsner/stock.adobe.com – composed by Thieme
S. 48: Mandeln: © kolesnikovserg/stock.ado; Beeren: © nikitos77/stock.adobe.com; Cashewnüsse: © Igor Kovalchuk/stock.adobe.com; Agar-Agar: © Вася Фаевич/stock.adobe.com
S. 50: Hefe: © Jiri Hera/stock.adobe.com; Dinkelvollkornmehl: © curto/stock.adobe.com; Dinkelmehl: © Sanja/stock.adobe.com; Kürbiskerne: © sangsiripech/stock.adobe.com; Sonnenblumenkerne: © Coprid/stock.adobe.com; Dinkelmehl: © Sanja/stock.adobe.com; Kräuter: © snesivan/stock.adobe.com; Paprikapulver: © nuttapongg/stock.adobe.com; Backpulver: © kolesnikovserg/stock.adobe.com; Flohsamenschalen, geschrotet: © canyonos/stock.adobe.com
S. 51: Leinsamen: © dule964/stock.adobe.com; Walnüsse: © Tatyana Sidyukova/stock.adobe.com; Sonnenblumenkerne: © Coprid/stock.adobe.com; Flohsamenschalen: © canyonos/stock.adobe.com; Trockenhefe: © dule964/stock.adobe.com; Dinkelvollkornmehl: © curto/stock.adobe.com; Dinkelmehl: © Sanja/stock.adobe.com; Sonnenblumenkerne: © Coprid/stock.adobe.com
S. 52: Karotten: © pamela_d_mcadams/stock.adobe.com; Walnüsse: © Tatyana Sidyukova/stock.adobe.com; Trockenhefe: © dule964/stock.adobe.com; Dinkelvollkornmehl: © curto/stock.adobe.com; Dinkelmehl: © Sanja/stock.adobe.com
S. 54: Banane: © Andrzej Tokarski/stock.adobe.com; TK-Himbeeren: © MissesJones/stock.adobe.com; Hafermilch: © baibaz/stock.adobe.com – edited by Thieme; Baby-Blattspinat: © New Africa/stock.adobe.com; Apfel: © Roman Samokhin/stock.adobe.com; Gurke: © Bozena Fulawka/stock.adobe.com– edited by Thieme; Kiwi: © Natika/stock.adobe.com; Ananas: © atoss/stock.adobe.com
S. 55: Banane: © Andrzej Tokarski/stock.adobe.com; Hafermilch: © baibaz/stock.adobe.com – edited by Thieme; Erdnussmus: © Pixel-Shot/stock.adobe.com; TK-Mango: © ahirao/stock.adobe.com; gefrorene Banane: © Adriana Nikolova/stock.adobe.com; Ananas: © atoss/stock.adobe.com
S. 56: Zitronensaft: © Africa Studio/stock.adobe.com; Erdbeeren: © Parad St/stock.adobe.com; Himbeeren: © maria_bk/stock.adobe.com; Gurke: © Bozena Fulawka/stock.adobe.com – edited by Thieme; © dizolator/stock.adobe.com; Ingwer: © Natika/stock.adobe.com
S. 58: Schokolade: © ozmen/stock.adobe.com; Schokolade: © ozmen/stock.adobe.com; Weintrauben: © karandaev/stock.adobe.com
S. 59: Schokolade: © ozmen/stock.

adobe.com; Rosinen: © Touchr/stock.adobe.com; Agar-Agar: © Вася Фаевич/stock.adobe.com; Direktsaft: © Gresei/stock.adobe.com – edited by Thieme
S. 60: Mango: © Reena/stock.adobe.com; Quark: © bigacis/stock.adobe.com; Bourbon-Vanille: © emuck/stock.adobe.com; Sahne: © oriori/stock.adobe.com
S. 62: : © Liaurinko/stock.adobe.com; Cashewnüsse: © Igor Kovalchuk/stock.adobe.com; Kokosraspeln: © New Africa/stock.adobe.com; Sonnenblumenkerne: © Coprid/stock.adobe.com
S. 64: Zwetschgen-Müsliriegel: © robertsre/stock.adobe.com; Mandeln: © kolesnikovserg/stock.adobe.com; Leinsamen: © dule964/stock.adobe.com; Sonnenblumenkerne: © Coprid/stock.adobe.com; Cashewnüsse: © Igor Kovalchuk/stock.adobe.com; Rohkakaopulver: © AnKudi/stock.adobe.com
S. 65: Mandeln: © kolesnikovserg/stock.adobe.com; Cashewnüsse: © Igor Kovalchuk/stock.adobe.com; Mandelmus, braun: © womue/stock.adobe.com; Lebkuchengewürz: © Diana Taliun/stock.adobe.com; Rohkakaopulver: © AnKudi/stock.adobe.com; Mango, getrocknet: © Petro/stock.adobe.com; Cashewnüsse: © Igor Kovalchuk/stock.adobe.com; Kokosflocken: © New Africa/stock.adobe.com; Mandelmus, weiß: © jarafoti/stock.adobe.com
S. 66: Cashewnüsse: © Igor Kovalchuk/stock.adobe.com; Mandelmus, weiß: © jarafoti/stock.adobe.com; Erdbeeren: © New Africa/stock.adobe.com
S. 68: Zwetschgen: © karepa/stock.adobe.com; Dinkelmehl: © Sanja/stock.adobe.com; Butter: © bigacis/stock.adobe.com; Äpfel: © Natalja Stotika/stock.adobe.com; Birne: © volff/stock.adobe.com – edited by Thieme; Dinkelmehl: © Sanja/stock.adobe.com; Butter: © bigacis/stock.adobe.com
S. 69: Bananen: © Adriana Nikolova/stock.adobe.com; TK-Mango: © ahirao/stock.adobe.com; Bananen: © Adriana Nikolova/stock.adobe.com; TK-Erdbeeren: © ExQuisine/stock.adobe.com
S. 70: Zwetschgen: © karepa/stock.adobe.com
S. 72: Cashewnüsse: © Igor Kovalchuk/stock.adobe.com; Mandeln: © Andrea/stock.adobe.com; Bourbon-Vanille: © emuck/stock.adobe.com; Cashewnüsse: © Igor Kovalchuk/stock.adobe.com; TK-Erdbeeren: © ExQuisine/stock.adobe.com; TK-Beerenmix: © MissesJones/stock.adobe.com
S. 73: Heidelbeeren: © GCapture/stock.adobe.com; Kirschen: © victoria p./stock.adobe.com; Banane: © TANAPAT/stock.adobe.com
S. 74: TK-Himbeeren: © MissesJones/stock.adobe.com; Cashewmus: © Peter Hermes Furian/stock.adobe.com; Schokolade: © ozmen/stock.adobe.com
S. 76: Erdbeeren: © Parad St/stock.adobe.com; Kiwis: © Natika/stock.adobe.com – composed by Thieme
S. 78: Karotten: © OLESYA TSEYTLIN/stock.adobe.com; Zucchini: © kolesnikovserg/stock.adobe.com; Lauch: © kolesnikovserg/stock.adobe.com; Kartoffeln: © oqba/stock.adobe.com-- edited by Thieme; Petersilienwurzel: © Eva Gruendemann/stock.adobe.com; Sellerieknolle: © Dmytro/stock.adobe.com; Kohlrabi: © imagineilona/stock.adobe.com – composed by Thieme; Kartoffeln: © sp4764/stock.adobe.com; Sahne: © oriori/stock.adobe.com; Zitronensaft: © Africa Studio/stock.adobe.com
S. 79: Karotten: © pamela_d_mcadams/stock.adobe.com; Ingwer: © Natika/stock.adobe.com; Knoblauchzehen: © Christian Jung/stock.adobe.com; Sahne: © oriori/stock.adobe.com; Süßkartoffeln: © nd700/stock.adobe.com; roter Paprika: © Petra Schueller/stock.adobe.com; Orangen: © denira/stock.adobe.com – edited by Thieme
S. 80: Zucchini: © Tatiana/stock.adobe.com; Knoblauchzehen: © Christian Jung/stock.adobe.com; Sahne: © oriori/stock.adobe.com; Zitronensaft: © Africa Studio/stock.adobe.com
S. 82: Kürbis: © PIXbank/stock.adobe.com; Knoblauchzehen: © Christian Jung/stock.adobe.com; Zitronensaft: © Africa Studio/stock.adobe.com; Sahne: © oriori/stock.adobe.com; Currypulver: © exopixel/stock.adobe.com
S. 84: Karotten: © OLESYA TSEYTLIN/stock.adobe.com; Kartoffeln: © oqba/stock.adobe.com; Zucchini: © kolesnikovserg/stock.adobe.com; Paprikapulver: © nuttapongg/stock.adobe.com; Dinkelschrot: AdobeStock_484546573_© Iurii Korolev; Karotten: © angorius/stock.adobe.com; Semmelbrösel: © photocrew/stock.adobe.com
S. 85: Dinkelvollkornmehl: © curto/stock.adobe.com; Dinkelmehl: © Sanja/stock.adobe.com; Hefe: © Jiri Hera/stock.adobe.com; Zucchini: © tab62/stock.adobe.com; Knoblauchzehen: © Christian Jung/stock.adobe.com; Bergkäse: © Dmytro/stock.adobe.com; Paniermehl: © photocrew/stock.adobe.com; Dinkelvollkornmehl: © curto/stock.adobe.com
S. 86: Süßkartoffel: © nd700/stock.adobe.com– edited by Thieme; Frischkäse: © Mara Zemgaliete/stock.adobe.com; Meerrettich: © kolesnikovserg/stock.adobe.com; Limette: © Roman Samokhin/stock.adobe.com
S. 88: Polenta: © oxie99/stock.adobe.com; Tomaten, getrocknet: © maxsol7/stock.adobe.com; Feta: © bigacis/stock.adobe.com; Rucola: © Jiri Hera/stock.adobe.com
S. 90: weiße Bohnen: © baibaz/stock.adobe.com; Cherry Tomaten: © OFC Pictures/stock.adobe.com; Zitronensaft: © Africa Studio/stock.adobe.com; Essig: © Roman Ivaschenko/stock.adobe.com
S. 92: Bulgur: © Diana Taliun/stock.adobe.com; Tomaten: © OFC Pictures/stock.adobe.com; Gurke: © by-studio/stock.adobe.com; Feta: © bigacis/stock.adobe.com; Essig: © Roman Ivaschenko/stock.adobe.com; Mango: © Reena/stock.adobe.com; Gurke: © Bozena Fulawka/stock.adobe.com; braune Linsen: © osoznanie-jizni/stock.adobe.com; Granatapfel: © oxie99/stock.adobe.com; Essig: © Roman Ivaschenko/stock.adobe.com
S. 93: Erdbeeren: © Parad St/stock.adobe.com; Essig: © Roman Ivaschenko/stock.adobe.com; Senf: © BigNazik/stock.adobe.com; Rucola: © Jiri Hera/stock.adobe.com; Gurke: © Bozena Fulawka/stock.adobe.com; Gurke: © Bozena Fulawka/stock.adobe.com; Cherry Tomate: © OFC Pictures/stock.adobe.com; Feta: © bigacis/stock.adobe.com; Oliven: © Markus Mainka/stock.adobe.com; Essig: © Roman Ivaschenko/stock.adobe.com
S. 94: Zucchini: © tab62/stock.adobe.com; Kartoffeln: © oqba/stock.adobe.com; Karotten: © OLESYA TSEYTLIN/stock.adobe.com; Knoblauchzehen: © Christian Jung/stock.adobe.com; Dinkelmehl: © Sanja/stock.adobe.com
S. 96: Kartoffeln: © oqba/stock.adobe.com; Knoblauchzehen: © Christian Jung/stock.adobe.com – composed by Thieme; Paprikapulver: © nuttapongg/stock.adobe.com; Tomatenmark: © Bernd Schmidt/stock.adobe.com; braune Linsen: © osoznanie-jizni/stock.adobe.com
S. 98: Datteln: © oxie99/stock.adobe.com; TK-Erdbeeren: © ExQuisine/stock.adobe.com; Flohsamenschalen: © canyonos/stock.adobe.com
S. 99: Kokosöl: © vitals/stock.adobe.com; Backkakao: © AnKudi/stock.adobe.com; Bananen: © Andrzej Tokarski/stock.adobe.com – composed by Thieme; Backkakao: © AnKudi/stock.adobe.com; Hafermilch: © baibaz/stock.adobe.com – edited by Thieme
S. 100: Erdbeeren: © Parad St/stock.adobe.com; Rhabarber: © Alfred Nesswetha/stock.adobe.com
S. 102: rote Linsen: © kolesnikovserg/stock.adobe.com; Walnüsse: © Tatyana Sidyukova/stock.adobe.com; Knoblauchzehen: © Christian Jung/stock.adobe.com; Ajvar: © Peter Hermes Furian/stock.adobe.com; Tahin: © Moving Moment/stock-adobe.com; Tomatenmark: © Bernd Schmidt/stock.adobe.com
S. 104: Knoblauchzehe: © F.C.G./stock.adobe.com; Frischkäse: © Mara Zemgaliete/stock.adobe.com; (Hafer-)Milch: © baibaz/stock.adobe.com – edited by Thieme; Currypulver: © exopixel/stock.adobe.com; Knoblauchzehen: © Christian Jung/stock.adobe.com; Sauerrahm: © rufar/stock.adobe.com; Zitronensaft: © Africa Studio/stock.adobe.com
S. 105: rote Paprika: © Petra Schueller/stock.adobe.com – composed by Thieme; Zitronensaft: © Africa Studio/stock.adobe.com; Knoblauchzehen: © Christian Jung/stock.adobe.com; Walnüsse: © Tatyana Sidyukova/stock.adobe.com; Frischkäse: © Mara Zemgaliete/stock.adobe.com; Apfel: © Markus Mainka (www.markus-mainka.de)/stock.adobe.com; Knoblauchzehe: © F.C.G./stock.adobe.com; passierte Tomaten: © Andrea/stock.adobe.com; Tomatenmark: © Bernd Schmidt/stock.adobe.com; Balsamicoessig: © AlenKadr/stock.adobe.com; Nelken, gemahlen: © Diana Taliun/stock.adobe.com
S. 106: Feta: © bigacis/stock.adobe.com; Zitronensaft: © Africa Studio/stock.adobe.com; Knoblauchzehe: © F.C.G./stock.adobe.com; Rosmarin: © margo555/stock.adobe.com; Paprikapulver: © nuttapongg/stock.adobe.com
S. 108: Frischkäse: © Mara Zemgaliete/stock.adobe.com; Sauerrahm: © rufar/stock.adobe.com; Kürbiskernöl: © AlenKadr/stock.adobe.com; Kürbiskerne, gehackt: © Peter Hermes

Furian/stock.adobe.com; Spritzer Zitronensaft: © Africa Studio/stock.adobe.com
S. 110: Kichererbsen: © stuartbur/stock.adobe.com; getrocknete Tomaten: © maxsol7/stock.adobe.com; Tahin: © Moving Moment/stock-adobe.com; Zitronensaft: © Africa Studio/stock.adobe.com; Knoblauchzehen: © Christian Jung/stock.adobe.com; Kreuzkümmel, gemahlen: © Sylwia Brataniec/stock.adobe.com; Kichererbsen: © stuartbur/stock.adobe.com; Erbsen: © innafoto2017/stock.adobe.com; Zitronensaft: © Africa Studio/stock.adobe.com; Tahin: © Moving Moment/stock-adobe.com; Kreuzkümmel: © Sylwia Brataniec/stock.adobe.com; Knoblauchzehen: © Christian Jung/stock.adobe.com

Bibliografische Information der Deutschen Nationalbibliothek
Die Deutsche Nationalbibliothek verzeichnet diese Publikation in der Deutschen Nationalbibliografie; detaillierte bibliografische Daten sind im Internet über http://dnb.d-nb.de abrufbar.

Programmplanung: Uta Spieldiener
Projektmanagement: Manuela Hunfeld
Redaktion: Magdalena Kieser
Bildredaktion: Christoph Frick, Marie Crämer

Umschlaggestaltung: © Thieme
Layout: CYCLUS · Visuelle Kommunikation, Stuttgart
Konzeption Layout Rezeptseiten: Daniela Sonntag

Bildnachweis:
Umschlagmotiv, Bild S. 3 und Bild S. 6: Daniela Sonntag unter Verwendung von:
Mango: © Reena/stock.adobe.com
Quark: © bigacis/stock.adobe.com
Fotos im Innenteil:
Autorinnenfoto: © privat
Rezeptfotos auf S. 22/23, 27, 33, 35, 43, 45, 57, 61, 81, 83, 87, 89, 101 und Zeichnungen: Daniela Sonntag;
Rezeptfotos auf S. 4/5, 29, 39, 49, 53, 63, 67, 71, 75, 77, 91, 95, 97, 103, 107, 109: © A. Rogge & J. Jankovic/Thieme
Zutatenfotos: stock.adobe.com (ausführliches Quellenverzeichnis auf S. 114–116)

Die abgebildeten Personen haben in keiner Weise etwas mit dem Thema zu tun.

1. Auflage 2024

TRIAS Verlag in Georg Thieme Verlag KG
Rüdigerstraße 14, 70469 Stuttgart, Germany
www.trias-verlag.de

Printed in Germany

Satz und Repro: Fotosatz Buck, Kumhausen
Druck: AZ Druck und Datentechnik GmbH, Kempten

Gedruckt auf chlorfrei gebleichtem Papier

ISBN 978-3-432-11844-4 1 2 3 4 5 6

Auch erhältlich als E-Book:
eISBN (PDF) 978-3-432-11845-1

Wo datenschutzrechtlich erforderlich, wurden die Namen und weitere Daten von Personen redaktionell verändert (Tarnnamen). Dies ist grundsätzlich der Fall bei Patient*innen, ihren Angehörigen und Freund*innen, z. T. auch bei weiteren Personen, die z. B. in die Behandlung von Patient*innen eingebunden sind.

Thieme Publikationen streben nach einer fachlich korrekten und unmissverständlichen Sprache. Dabei lehnt Thieme jeden Sprachgebrauch ab, der Menschen beleidigt oder diskriminiert, beispielsweise aufgrund einer Herkunft, Behinderung oder eines Geschlechts. Thieme wendet sich zudem gleichermaßen an Menschen jeder Geschlechtsidentität. Die Thieme Rechtschreibkonvention nennt Autor*innen mittlerweile konkrete Beispiele, wie sie alle Lesenden gleichberechtigt ansprechen können. Die Ansprache aller Menschen ist ausdrücklich auch dort intendiert, wo im Text (etwa aus Gründen der Leseleichtigkeit, des Text-Umfangs oder des situativen Stil-Empfindens) z. B. nur ein generisches Maskulinum verwendet wird.

TRIAS, einer der führenden Ratgeberverlage im Bereich Gesundheit, gehört zur Thieme Gruppe, marktführender Anbieter medizinischer Fachinformationen und Services. Anspruch der Thieme Gruppe ist es, den im Gesundheitswesen tätigen Berufsgruppen sowie allen an Gesundheit Interessierten genau die Informationen und Angebote bereitzustellen, die sie in einer bestimmten Arbeitssituation oder Lebensphase benötigen. Durch die hohe Qualität und zielgruppenspezifische Relevanz der angebotenen Leistungen bereitet Thieme den Weg für eine bessere Medizin und mehr Gesundheit im Leben.

Thieme